INHALT

Darstellung und Perspektiven

Fast identische Bilder: Die Vertreibung der Deutschen am Ende des Zweiten Weltkrieges und die Vertreibungen auf dem Balkan in den 1990er Jahren.
(www.unhcr.de, Bundesarchiv 146/94/54/26)

INHALT

Vom Flüchtlingslager bis ins erste eigene Heim: Die Fortschritte bei der wirtschaftlichen und sozialen Eingliederung der Flüchtlinge und Vertriebenen in den 1950er und 1960er Jahren führten dazu, dass die Flüchtlingsfrage bald als gelöst angesehen wurde. (Niedersächsisches Hauptstaatsarchiv, Archiv Haus der Heimat des Landes Baden-Württemberg)

Das Thema im Unterricht

Quellen und Materialien

Einführung: Zur Aktualität eines historischen Phänomens

„Ethnische Säuberung“ – dieser Begriff kam zu Beginn der 1990er Jahre in Gebrauch und hat seither rasch Eingang in den öffentlichen Sprachgebrauch gefunden, weltweit: „ethnic cleansing“. Den Hintergrund dafür bildete der mit dem gewaltsamen Zerfall der Sozialistischen Republik Jugoslawien einhergehende grausame Bürgerkrieg. Dabei war es Ziel aller Konfliktparteien, national homogene, möglichst nur von einer Volksgruppe bewohnte Nationalstaaten zu schaffen. Mischsiedlungen, geradezu ein Charakteristikum dieser Region Europas, standen solchen Plänen im Wege. Daher wurde Viertel für Viertel, Ort für Ort, Region für Region „gesäubert“. Menschen anderer Sprache, Konfession oder einer anderen nationalen Ethnie siedelte man um, vertrieb oder tötete sie. Doch die „ethnischen Säuberungen“ brachten den einzelnen Staaten weder den inneren noch den äußeren Frieden. Im Gegenteil, sie lösten einen Flächenbrand aus, dessen Folgen nicht nur den Balkan noch über Jahrzehnte bestimmen werden.

Moslemische Frauen flüchten aus ihrem bosnischen Heimatort Jaice (dpa)

Nach der kroatischen Unabhängigkeitserklärung am 25. Juni 1991 brachten die jugoslawische Armee und paramilitärische Gruppen ein Drittel des kroatischen Territoriums unter ihre Kontrolle. Zuerst wurden Tausende Kroaten aus serbisch besetztem Gebiet vertrieben. Kroatische Truppen vertrieben ihrerseits Serben aus ihren Wohnorten. Diese Ereignisse forderten bereits Tausende von Opfern und machten über eine halbe Million Menschen zu Flüchtlingen und Vertriebenen. Sie bildeten aber lediglich den Auftakt zu weit umfangreicheren, von Vergewaltigung, Folter und Mord begleiteten Vertreibungen in der muslimisch-kroatischen Föderation Bosnien-Herzegowina, für die sich der Begriff „ethnische Säuberung“ eingebürgert hat. Als die bosnisch-serbische Armee im Juli 1995 die UN-Schutzzone Srebrenica überrannte, wurden 40.000 Menschen zur Flucht gezwungen. Beim größten Massaker in Europa seit dem Zweiten Weltkrieg wurden etwa 7.000 Menschen getötet. Als mit dem am 14. Dezember 1995 in Paris unterzeichneten Abkommen von Dayton der vierjährige Bürgerkrieg endete, war mehr als die Hälfte der 4,4 Millionen Einwohner von Bosnien und Herzegowina vertrieben worden, 1,3 Millionen Menschen waren Binnenflüchtlinge und rund eine halbe Million lebte als Flüchtlinge in benachbarten Ländern. Von den rund 700.000 Flüchtlingen, die in westeuropäischen Ländern Aufnahme gefunden hatten, hielt sich knapp die Hälfte in Deutschland auf. Und ihre Zahl sollte sich noch vergrößern.

Um die laufende und mögliche weitere Ermordung und Vertreibung von Kosovo-Albanern zu verhindern, startete die NATO 1999 Luftangriffe gegen Serbien. Der Krieg löste eine weitere Flüchtlingskatastrophe aus, deren Ergebnis eine Trennung von Menschen nach ethnischen Gesichtspunkten und eine Verlagerung der Konflikte nach Mazedonien war.

Im Friedensabkommen von Dayton wurde allen Flüchtlingen und Vertriebenen das Recht eingeräumt, „frei an ihren früheren Wohnort zurückzukehren“. Doch bisher sind trotz einer starken Präsenz internationaler Truppen weniger als zehn Prozent zurückgekehrt. Die fehlende öffentliche Ordnung und besonders die fehlende Sicherheit für ethnische Minderheiten verhinderten, dass die im Krieg erfolgten „ethnischen Säuberungen“ rückgängig gemacht wurden.

Die Ereignisse auf dem Balkan fanden in Deutschland ein besonderes Echo. In Leserbriefen meldeten sich Menschen zu Wort, bei denen die Bilder von Flucht und Vertreibung schmerzhafte Erinnerungen an das selbst erfahrene Schicksal wachriefen.

Viele Probleme blieben ungelöst: Tausende von ehemaligen Heimatlosen des Krieges in Bosnien-Herzegowina, oft auf sich allein gestellt und bei schlechter Gesundheit, leben in provisorischen Behausungen wie hier in Kozarac bei Prijedor. Hier sind Serben aus der Region von Sanski Most, das heute zur bosnisch-kroatischen Föderation gehört, untergebracht. (www.unhcr.de)

Die Wunden des Krieges in Bosnien-Herzegowina sind immer noch erkennbar: Die zerstörte Moschee in der Stadt Ahmici, wo im April 1993 über 100 unschuldige Menschen einem Massaker zum Opfer fielen. (www.unhcr.de)

Sie sahen Parallelen zwischen den „ethnischen Säuberungen" im ehemaligen Jugoslawien und der von ihnen er- und überlebten Umsiedlung, Flucht und Vertreibung von etwa 14 Millionen Deutschen am Ende des Zweiten Weltkriegs. In der Öffentlichkeit war darüber Jahre lang geschwiegen worden. Jetzt entwickelte sich in den Medien eine breite Auseinandersetzung über, wie zum Beispiel die Stuttgarter Zeitung am 12. Mai 1999 schrieb, „Zwangsumsiedlungen nach 1945 und heute".

Die Diskussion verdeutlichte schlagartig, dass in der bundesdeutschen Öffentlichkeit, in der in den 1960er Jahren jeder fünfte Bürger ein Flüchtling oder Vertriebener war, die Ereignisse von Flucht und Vertreibung am Ende des Zweiten Weltkriegs in Vergessenheit geraten waren. Sie ließ erkennen, dass es sich bei der Vertreibung der Deutschen um keinen einmaligen Vorgang handelte, sondern um die Folgen einer Politik, welche Umsiedlungen und Vertreibungen als ein adäquates Mittel ansah, um nationalstaatliche oder machtpolitische Ziele zu erreichen. Schließlich offenbarte der Vergleich mit den Ereignissen auf dem Balkan das Prinzip, welches den Vertreibungen in beiden Fällen zugrunde lag: ethnisch homogene Nationalstaaten durch Umsiedlungen zu schaffen.

Das Erstaufnahmelager Stankovac für kosovo-albanische Flüchtlinge wurde im April 1999 von NATO und UNHCR in Mazedonien errichtet. (www.unhcr.de)

Übersehen wurde in der Diskussion, dass dieses Prinzip nicht erst seit 1945 ein vielfach eingesetztes politisches Mittel darstellt. Es hat eine weit zurückreichende historische Tradition. In sie reihen sich sowohl die Vertreibung der Deutschen am Ende des Zweiten Weltkriegs als auch die „ethnischen Säuberungen" auf dem Balkan in den 1990er Jahren nahtlos ein.

Vor diesem Hintergrund ist es das Anliegen dieses Heftes, die ideengeschichtlichen Voraussetzungen für die Umsiedlung, Flucht und Vertreibung der deutschen Bevölkerung am Ende des Zweiten Weltkriegs offen zu legen. Diese werden im Einklang mit der neuesten Forschung in der Herausbildung der modernen europäischen Nationalstaaten gesehen. Zudem werden der unterschiedliche Umgang von Nationalstaaten mit ihren Minderheiten, einschließlich der Idee, durch Umsiedlungen ethnisch homogene Staaten zu schaffen, diskutiert. Schließlich werden in chronologischer Reihenfolge an ausgewählten Beispielen der europäischen Geschichte der Zwischenkriegszeit die praktischen Auswirkungen der Idee vom „gereinigten" Nationalstaat einschließlich der Auswirkungen des Radikalnationalismus während des Zweiten Weltkriegs verfolgt. Er gipfelte im nationalsozialistischen Mord an den europäischen Juden.

In drei Kapitel gegliedert, bilden diese Überlegungen die „Vorgeschichte" für die anschließende breite Erörterung des Umsiedlungs- und Vertreibungsprozesses der deutschen Bevölkerung am Ende des Zweiten Weltkriegs. Es wird die Entstehung der Ausweisungs- und Umsiedlungspläne verfolgt, die nach Phasen und Regionen unterschiedliche praktische Durchführung dieser Pläne erörtert und schließlich werden deren Folgen für die Herkunftsgebiete, die Aufnahmegebiete und die Flüchtlinge und Vertriebenen selbst thematisiert. Mit der abschließenden Frage, ob Umsiedlung und Vertreibung ein Mittel zur Lösung von Minderheitenfragen sein können, wird der Nationalstaat mit seinem bis in die Gegenwart fortbestehenden Homogenisierungswahn in Frage gestellt.

Das Heft besteht aus drei eng miteinander verzahnten Teilen. Eine übersichtliche Darstellung und eine breite Quellenauswahl an Texten, Abbildungen, Graphiken sowie Karten werden durch knappe didaktisch-methodische Überlegungen zur Behandlung des Themas im Unterricht ergänzt.

Darstellung und Perspektiven

Kapitel 1: Nationalismus, Nation, Nationalstaat

Jeder Mensch ist Glied einer Nation, und jede Nation soll einen Staat bilden, den Nationalstaat. Diese im 18. Jahrhundert entstandene Vorstellung war Ausdruck der schöpferischen Kraft des Nationalismus. Sie entwickelte sich seither zur stärksten politischen Gestaltungskraft in Europa überhaupt und wurde zum Leitbild gesellschaftlichen und politischen Handelns. Nur Staaten überlebten oder entstanden seit dem frühen 19. Jahrhundert, die bei der eigenen Bevölkerung, bei den Nachbarstaaten und in der internationalen Staatenordnung als Nationalstaaten Anerkennung fanden. Bis heute hat die Vorstellung vom Nationalstaat als angemessenes Gehäuse für eine Nation ihre weltweite Wirkungskraft nicht verloren. Noch immer stellt der Nationalstaat für viele Menschen geradezu einen Hoffnungsanker dar. Die Rückbesinnung auf die eigene Nation, die Betonung historisch begründeter nationaler Identität und die Forderung nach dem eigenen Nationalstaat gelten als wirkungsmächtige Zukunftsbilder. Das Entstehen immer neuer, sich als Nationalstaaten definierender, und seit dem Ersten Weltkrieg verstärkt auf das Prinzip des nationalen Selbstbestimmungsrechts pochender Länder ist der schlagende Beweis dafür. Der Siegeszug der Nation und des Nationalstaats hat ihn zu einer quasi naturgegebenen gesellschaftlichen Organisationsform werden und dabei seine zeitgebundenen Entstehungsbedingungen vergessen lassen.

Auf die Frage, „Was ist eine Nation?“, gibt es ihrer Entstehung entsprechend zwei unterschiedliche Antworten. Die eine, mit den Idealen der amerikanischen und französischen Revolution verbundene, lautet: Es ist eine *politische* Willens- und Solidargemeinschaft, die sich im immer wieder zu erneuernden Bekenntnis ihrer Mitglieder äußert. Alle Menschen, ohne Unterschied ihrer Herkunft, ihrer Sprache oder ihrer sozialen Zugehörigkeit, die sich zu den in der Verfassung festgeschriebenen Prinzipien bekennen, sind Teil einer Nation und ihres gemeinsamen politischen Rahmens, ihres Nationalstaates. In die Nation kann man durch eigenen Willensentscheid eintreten, und man verlässt sie, wenn man aus dem Staatsverband ausscheiden will. Im Unterschied zur so definierten Staatsbürgernation steht die auf Johann Gottfried Herder zurückgehende Antwort auf die Frage, was eine Nation sei. Sie betont die durch Sprache, Religion und Tradition im Laufe der Zeit geschaffene *kulturelle* Gemeinsamkeit. Nation wird in diesem Fall als eine durch „objektive“ Kriterien festgeschriebene Gemeinschaft verstanden, der das Individuum zwangsläufig angehört. Dem Kriterium der unterschiedlich ausgefüllten Abstammung wird bei der Volksnation eine zentrale Rolle zugeschrieben. Nation und Nationalstaat sind in diesem Fall in der Regel, wie das deutsche und das Beispiel der ost- und ostmitteleuropäischen Staaten zeigt, nicht deckungsgleich.

„Kurze Beschreibung der in Europa Befintlichen Völkern Und Ihren Aigenschaften“. Ölgemälde, Steiermark, frühes 18. Jh., Öl auf Leinwand 104 x 126 cm (Österreichisches Museum für Volkskunde)

Die besondere Attraktivität der Idee der Nation und des Nationalstaats bestand im doppelten Versprechen von Partizipation und Integration. Partizipation bedeutete, anders als die Prinzipien der Fürstenherrschaft und der ständischen Ungleichheit, Teilhabe und Mitwirkung an einem Staatswesen neuen Typs. Seine auf Gewaltenteilung und -kontrolle fußende Verfassung

„Die Freiheit führt das Volk, 28. Juli 1830", Gemälde von Eugène Delacroix, 1830. Öl auf Leinwand, Louvre, Paris (akg)

garantierte die Grund- und Menschenrechte sowie freie wirtschaftliche Entfaltungsmöglichkeiten. Integration bedeutete, Teil eines Ganzen, friedlich zusammenlebender Nationsgenossen zu sein. So betrachtet, kann der Siegeszug von Nation und Nationalstaat nicht überraschen.

Zur Partizipationsverheißung der Nation und des Nationalstaates gehörte aber auch immer die aggressive Gewaltbereitschaft. Die europäischen Nationalstaaten des 19. Jahrhunderts sind das Ergebnis von Kriegen. Auch die großen nationalstaatlichen Gründungswellen des 20. Jahrhunderts vollzogen sich vor dem Hintergrund zweier blutiger Weltkriege. Bis in die Gegenwart, wie das jugoslawische Beispiel zeigt, gehören Nationalstaatsbildung und Krieg zusammen. Von Beginn an waren es „die Abgrenzung gegen den Nachbarn, die Feindschaft und der Kampf, wodurch die europäischen Nachbarn zu sich selbst fanden." Diese Selbstdefinition durch Abgrenzung war nicht allein nach außen gerichtet.

Zum Janusgesicht der Nation, welches auch dem Nationalstaat eigen ist, gehört auch die nach innen gerichtete Ausgrenzung jener, die aus der Sicht des Staatsvolkes als nicht dazugehörig, als fremd gelten. Daher war die Legitimation aller Nationalstaaten, ob Staatsbürger- oder Volksnation, auf Homogenität abgestellt. Die postulierte und angestrebte Einheit des Staatsvolkes oder der Nation hatte ein breites Spektrum an Homogenisierungsmaßnahmen zur Folge. Es reicht von der gezielten sprachlichen und kulturellen Angleichungspolitik, mit dem Ziel des Aufgehens der Minderheiten in der Titularnation innerhalb einzelner Staaten, bis hin zum Anpassen der Grenzen an das Ethnikum und umgekehrt. Assimilation, Ausgrenzung, Umsiedlung, Vertreibung und Vernichtung der einmal hinausdefinierten religiösen, sprachlichen oder ethnischen Minderheiten waren das Ergebnis.

Darstellung und Perspektiven

Kapitel 2: Zum Verhältnis von Mehrheit und Minderheit im Nationalstaat

2.1. Grenzveränderungen: Die neue Landkarte Europas nach dem Ersten Weltkrieg

Der amerikanische Diplomat und Publizist George F. Kennan hat den Ersten Weltkrieg als die europäische „Urkatastrophe" bezeichnet. Das europäische System, das bis 1914 auf fünf Großmächten beruht hatte, existierte nach dem Ersten Weltkrieg nicht mehr. Eine nichteuropäische Großmacht, die USA, hatte im Grunde den Krieg entschieden; zwei europäische Großmächte, Österreich-Ungarn und das Osmanische Reich, waren untergegangen; Russland war auch aufgrund der Oktoberrevolution als Ganzes gelähmt; das um zehn Prozent territorial verkleinerte Deutschland war seit den als Schmach empfundenen Friedensbedingungen von Versailles nicht aktionsfähig und unter den Siegermächten war Italien durch den Krieg außerordentlich geschwächt. Einem auf dem Kontinent dominierenden Frankreich stand zunächst keine kontinentale Großmacht mehr gegenüber.

In den Pariser Vorortverträgen veränderten die Siegermächte die politische Landkarte Europas von Grund auf. Dem „Selbstbestimmungsrecht der Völker" folgend, übertrugen sie das Modell des französischen Nationalstaats auf Ostmittel- und Südosteuropa. Als Ergebnis der Friedensverhandlungen entstanden aus der Konkursmasse der Großreiche mehrere mittlere und kleinere Staaten wieder oder sie wurden neu geschaffen: die drei baltischen Staaten Estland, Lettland und Litauen, Polen, die Tschechoslowakei, das Königreich der Serben, Kroaten und Slowenen (seit 1929 Königreich Jugoslawien), Österreich, Ungarn sowie die Türkei. Andere, wie Griechenland und Rumänien, verbuchten beträchtliche territoriale Zugewinne. 20.000 Kilometer neuer Staatsgrenzen wurden in Europa fixiert.

In manchen Fällen sollten nach Maßgabe des Versailler Vertrages Volksabstimmungen die Zugehörigkeit strittiger Gebiete klären, so zum Beispiel in Oberschlesien. 1921 sprachen sich 60 Prozent der oberschlesischen Bevölkerung in einer Volksabstimmung für einen Verbleib bei Deutschland aus. Dennoch wurde Oberschlesien nach anschließenden paramilitärischen Auseinandersetzungen zwischen polnischen und deutschen Verbänden einem Gutachten des Völkerbundrats entsprechend geteilt: Westoberschlesien verblieb bei Deutschland, Ostoberschlesien mit den wichtigen Industrierevieren gelangte zu Polen, ebenso wie bereits zuvor Teile des deutschsprachigen Pommern, Posen und große Gebiete der aufgelösten preußischen Provinz Westpreußen. Das vom amerikanischen Präsidenten proklamierte „Selbstbestimmungsrecht der Völker" wurde Deutschland gegenüber weitgehend machtpolitischen Gesichtspunkten der Siegermächte untergeordnet.

Ein großer Teil der Bevölkerung Europas fand sich als Ergebnis des Ersten Weltkriegs, ohne dass er seinen Heimatort verlassen hätte, in einem neuen Staat wieder. Für etwa 80 Millionen Menschen änderten die vorgenommenen Grenzziehungen die Staatsbürgerschaft.

2.2. Minderheitenschutz

Die neuen Grenzziehungen verringerten zwar die Zahl der Minderheiten erheblich. Doch blieben auch jetzt aufgrund der ethnischen Gemengelage und weil die Alliierten den Interessen der mit ihnen verbündeten Staaten folgten, jene Staaten die Ausnahme, in denen eine Ethnie mehr als 90 Prozent der Bewohner stellte. Zahlreicher waren die Staaten, in denen eine oder mehrere Nationalitäten eine beträchtliche Minderheit bildeten. So lag der Anteil der ukrainischen, jüdischen, deutschen und weißrussischen Bevölkerung in Polen bei etwa einem Drittel. In der Tschechoslowakei machten die Minderheiten etwa 33 Prozent der Gesamtbevölkerung aus. Mit über 23 Prozent stellten hier die Deutschen, gefolgt von Ungarn und Ruthenen die größte Minderheit. Jeder Staat Ostmittel- und Südosteuropas hatte eine Diaspora in einer oder einer ganzen Reihe von Ländern. So lebten, um nur einige Beispiele zu nennen, 8,3 Millionen Deutsche, zunächst Auslandsdeutsche und später Volksdeutsche genannt, in 13 Staaten, zehn Millionen Ukrainer und drei Millionen Russen in jeweils fünf Staaten, 3,2 Millionen Ungarn in vier Staaten und 2,3 Millionen Polen in sieben Staaten.

Um einerseits die Interessen der Minderheiten gegenüber den neuen Titularnationen zu schützen und andererseits einem Revanchismus der betroffenen Mutterländer vorzubeugen, legten die Siegermächte Wert darauf, in den Pariser Vorortverträgen eine Reihe ostmittel- und südosteuropäischer Staaten auf den Minderheitenschutz zu verpflichten. Die Unterzeichnung von Verträgen, die den Minderheiten individuelle und nicht kollektive Rechte zusicherten, war eine Vorbedingung, um von den Alliierten als neuer, oder territorial erweiterter Staat anerkannt zu werden. Eine solche Regelung hatte in Ansätzen bereits der Berliner Kongress von 1878 gegenüber Rumänien angewandt. Dem Vertrag zwischen Polen und den Alliierten, die es verstanden, sich selbst von solchen Verpflichtungen freizuhalten, kam dabei eine Pilotfunktion zu. Weitere Verträge wurden mit dem Königreich der Serben, Kroaten und Slowenen, der Tschechoslowakei, Rumänien, Griechenland, Österreich, Ungarn, Bulgarien und der Türkei unterzeichnet. Vergleichbare Minderheitenschutzverträge wurden später mit Albanien sowie den drei baltischen Staaten vereinbart. Sie schrieben den Schutz „rassischer, ethnischer und religiöser Minderheiten“ zwingend vor. Dem Minderheitenschutz mussten die neu gebildeten Staaten Verfassungsrang einräumen. Einer Assimilation an die Staatsnation sollte so vorgebeugt werden. Die Aufgabe, die Einhaltung dieser Verträge zu überwachen, fiel dem Völkerbund zu. Er war auch wegen kaum vorhandener Sanktionsmöglichkeiten mit seinem Anliegen, die Unterdrückung von Minderheiten zu vermindern, wenig erfolgreich. Zugleich verhinderte er aber zumindest kurzfristig, dass Minderheitenfragen zu internationalen Konflikten eskalierten.

Kundgebung der Sudetendeutschen für ihr Selbstbestimmungsrecht am 4. März 1919 auf dem Rathausplatz in Teplitz-Schönau (Archiv der Sozialen Demokratie der Friedrich-Ebert-Stiftung – „Seliger-Archiv“)

2.3. Zwischen kultureller Autonomie und Assimilation

Die ihnen von den Siegermächten auferlegten Minderheitenschutzregelungen empfanden die meisten Staaten als Eingriff in ihre auf der Grundlage des nationalen Selbstbestimmungsrechts als unantastbar geltende Souveränität. Oft hatten sich diese Staaten zum ersten Mal in ihrer Geschichte mit der Existenz einer größeren Minderheit auseinander zu setzen. Zudem waren sie im Zeichen der Nationalstaatsvorstellungen bestrebt, ihre staatliche Ordnung auf der Basis der herrschenden Volksgruppe im Sinne nationaler Ein- und Gleichförmigkeit auszubauen. Diesem Ziel dienten indirekt die in der Mehrheit dieser Staaten durchgeführten Agrarreformen. Sie enteigneten die häufig auch der nationalen Minderheit angehörenden Großgrundbesitzer zugunsten der Angehörigen des Staatsvolkes. Das damit verbundene soziale Ziel hatte tiefgreifende nationale Auswirkungen, die zu Lasten der jeweiligen Minderheiten gingen. So sahen sich zum Beispiel in der Zwischenkriegszeit über eine Million Deutsche aus Polen gezwungen, ihre Heimat zu verlassen. Durch solche Maßnahmen nicht selten in ihrer Existenz gefährdet, ließ die auf europäischer Ebene im Nationalitätenkongress zusammengeschlossenen Minderheiten wiederum um so deutlicher auf ihre Ansprüche gegenüber dem Mehrheitsvolk im jeweiligen Nationalstaat pochen.

Einen positiven Ansatz für das Zusammenleben von Mehrheitsbevölkerung und Minderheiten lieferte die Entwicklung in Estland. Auf Grund des Verhältniswahlrechts waren hier, wie in anderen Staaten auch, die nationalen Minderheiten im Parlament vertreten. Darüber hinaus verabschiedete das Parlament im Februar 1925 das Gesetz über die Kulturautonomie der nationalen Minderheiten. Es ermöglichte diesen, sich als öffentlich-rechtlicher Personenverband mit dem Recht der Steuererhebung zu konstituieren. Zugleich durfte er, was für die Minderheiten von zentraler Bedeutung war, das Schulwesen in eigener Regie führen. Die deutsche und die jüdische Minderheit machten von diesem Recht Gebrauch.

Allerdings blieb der von der Republik Estland beschrittene Weg die Ausnahme. Er fand trotz internationaler Anerkennung keine Nachahmung. Im Gegenteil, in vielen Staaten Ostmitteleuropas, in denen sich mit Ausnahme der Tschechoslowakei nach und nach Diktaturen etablierten, wurde die Assimilation, d.h. die Angleichung an die herrschende Staatsnation und schließlich ihr Aufgehen darin, zielstrebig verfolgt und praktiziert. Unter der Parole der „Magyarisierung", andernorts „Polonisierung" oder „Romanisierung", arbeiteten zum Beispiel die Anhänger des ungarischen Nationalismus mit Erfolg darauf hin, Minderheitenrechte abzuschaffen. Dem Prinzip der einen, unteilbaren Nation folgend, wurde die Durchsetzung der ungarischen Sprache zu Ungunsten der Sprachen der Minderheiten staatlich verordnet. Nur als so verstandenes Mitglied der ungarischen Nation und Sprachgemeinschaft galt man als gleichberechtigtes Mitglied des Staates.

2.4. Die Idee vom ethnisch homogenen Nationalstaat

Neben dem regional unterschiedlichen, in seiner Zielsetzung aber gleichen Assimilationsbestreben der Titularnationen gegenüber ihren Minderheiten, um so einen einheitlichen, möglichst nur von einer ethnischen Gruppe bewohnten Nationalstaat zu schaffen, gewann seit dem Beginn des 20. Jahrhunderts ein weiterer Gedanke an Boden: der nationalstaatlich begründete Bevölkerungsaustausch. Danach waren Minderheiten an und für sich ein Problem, störten sie doch dieser Auffassung zufolge durch ihre bloße Existenz sowohl den inneren Frieden von Nationalstaaten als auch deren Beziehungen untereinander. Eine Lösung des Minderheitenproblems war in den Augen der Anhänger dieser Auffassung dadurch zu erreichen, dass Bevölkerungsgruppen entmischt wurden. Das konnte dadurch geschehen, dass Minderheiten in ihr jeweiliges Mutterland ausgesiedelt wurden, oder aber zwei Länder ihre jeweiligen Minderheiten gegenseitig austauschten. Über „massive Verpflanzungen" von Nichtangehörigen der Nation oder solchen, die dafür erklärt wurden, in Gebiete jenseits der Grenze, machte sich 1915 der Schweizer Anthropologe und Völkerkundler George Montandon Gedanken. Einer ganzen Reihe anderer Autoren gleich, versprach er sich davon einerseits, die europäischen Staaten zu „reinigen", national zu homogenisieren. Andererseits verband er damit, wie sich bald herausstellen sollte, die trügerische Hoffnung, durch solche Maßnahmen das Konfliktpotential zwischen den europäischen Staaten abbauen, ja Kriege überhaupt verhindern zu können. Ein Großteil der nicht nur von ihm vorgeschlagenen Umsiedlungen bezogen sich auf Ostmitteleuropa und das Gebiet des Balkans.

Kundgebung in Berlin für den Verbleib Oberschlesiens beim Deutschen Reich, 1921 (Ullstein bild)

Deutsches Plakat mit politischer Karikatur zur Abstimmung über Oberschlesien, 1920 (Deutsches Historisches Museum, Berlin)

Darstellung und Perspektiven

Kapitel 3: Umsiedlungen in der europäischen Geschichte des 20. Jahrhunderts

3.1. Die Balkankriege

Im ersten Balkankrieg 1912/13 wurde der europäische Teil des Osmanischen Reiches bis auf einen kleinen Rest von den angrenzenden Nationalstaaten Serbien, Bulgarien und Griechenland annektiert. Albanien erlangte dank Unterstützung Österreich-Ungarns und Italiens seine Unabhängigkeit. Über die jeweiligen Eroberungen kam es, insbesondere wegen der „mazedonischen Frage", auf der Friedenskonferenz in London 1913 zum Streit unter den Siegern. Nach dem zweiten Balkankrieg 1913, der sich mit Unterstützung des Osmanischen Reiches gegen Bulgarien richtete, wurde Mazedonien zwischen Serbien, Griechenland und Bulgarien dreigeteilt. Der Einmarsch in die neu eroberten Gebiete und die damit einhergehenden Verbrechen lösten Fluchtbewegungen aus. Mit Billigung der jeweiligen Regierungen wurden jene Teile der Bevölkerung, die nicht in die nationalstaatliche Struktur passten, vertrieben. Allein im Kosovo sollen 20.000 Albaner getötet worden sein. Die türkischen Großgrundbesitzer wurden enteignet und das Land aufgeteilt, Moscheen der osmanischen Zeit zweckentfremdet und beseitigt, um so die kulturelle Prägung der Gebiete zu verändern.

Verwaiste armenische Kinder in der syrischen Wüste (Armin T. Wegner, Deutsches Literaturarchiv, ©Wallstein-Verlag)

Besessen vom Ideal ethnisch-sprachlicher Uniformität betrieben die Staaten der Region in der Folgezeit eine Homogenisierungspolitik, die den westeuropäischen Nationalstaat zum Vorbild hatte. Ihr diente auch der in diesem Rahmen erste, international sanktionierte Bevölkerungsaustausch. In der türkisch-bulgarischen Konvention von 1913 wurde die Umsiedlung von etwa 48.500 Türken und 46.500 Bulgaren aus einem 15 Kilometer breiten Grenzstreifen der beiden Staaten vereinbart. Wie bei späteren vergleichbaren Vorgängen handelte es sich auch hier lediglich um die formale Bestätigung von bereits durchgeführten Vertreibungen.

Die mit Flucht, Umsiedlung und Vertreibung einhergehenden Verbrechen an der Zivilbevölkerung erschütterten die Öffentlichkeit West- und Mitteleuropas. Sie sollten aber bald vom Ereignis des Ersten Weltkriegs und seiner prägenden Wirkung überlagert werden. Erst die Balkankriege der neunziger Jahre riefen sie wieder ins Gedächtnis der Weltöffentlichkeit zurück.

3.2. Die Armenierfrage

Seit dem Berliner Kongress von 1878 bildete die Armenische Frage, d.h. die Frage nach der Stellung dieser christlichen Minderheit im Osmanischen Reich, einen Kernpunkt der europäischen Orientpolitik. Nach dem Zusammenbruch des Osmanismus in den Balkankriegen war es Ziel der 1908 an die Macht gelangten Jungtürken, das Osmanische Reich in Richtung auf einen türkischen Nationalstaat umzubauen. Dieser sollte mit den Turkvölkern vor allem im Kaukasus und Zentralasien verbunden werden. Das zwischen Russland und dem Osmanischen Reich aufgeteilte Siedlungsgebiet der Armenier stand solchen Bestrebungen entgegen.

Bereits 1909 kam es zu einem Armenier-Pogrom mit ungefähr 300.000 Opfern. Unter dem Vorwurf der Kollaboration mit dem Russischen Reich im ausgebrochenen Ersten Weltkrieg wurden seit dem April 1915 Angehörige der armenischen Elite von jungtürkischen Kommandos in Istanbul ermordet. Dem anschließenden Pogrom fielen mehr als 5.000 Armenier zum Opfer. Abgeschirmt von der Weltöffentlichkeit wurde in den folgenden Monaten nahezu die gesamte armenische Bevölkerung der nordöstlichen Provinzen des Osmanischen Reiches nach Mesopotamien und in die nordsyrische Wüste deportiert. Diese Umsiedlung entwickelte sich zu einem Genozid, dem ein Großteil der deportierten Armenier zum Opfer fiel. Die Zahl der durch Hunger, Gewalt und unzureichende Versorgung verstorbenen Opfer wird auf mindestens 800.000 geschätzt. Als die Regierung des verbündeten wilhelminischen Deutschen Kaiserreichs, die über die Ereignisse in Kleinasien gut unterrichtet war, nach dem Schicksal der armenischen Christen in Istanbul fragte, erhielt sie die lakonische Antwort: „La Question Arménienne n'existe plus" – Die armenische Frage existiert nicht mehr. Bis heute ist sie eine offene Wunde der türkischen, armenischen und europäischen Geschichte geblieben.

3.3. Der Vertrag von Lausanne

1914 trat das Osmanische Reich in den Ersten Weltkrieg ein. An der Seite Deutschlands und Österreich-Ungarns kämpfte es gegen die Sieger der Balkankriege, Serbien und Griechenland. Der im August 1920 zwischen der Türkei und den Alliierten unterzeichnete Vertrag von Sèvres war der einzige der Pariser Vororteverträge am Ende des Ersten Weltkriegs, der bereits wenige Monate nach dem Abschluss aufgrund des griechisch-türkischen Krieges hinfällig wurde.

Gegen den Friedensvertrag, welcher Anatolien unter den Großmächten aufgeteilt und Griechenland ein großes Gebiet an der kleinasiatischen Küste mit dem Zentrum Smyrna zugesprochen hatte, formierte sich in Anatolien eine türkische Nationalbewegung unter Mustafa Kemal, genannt Atatürk. Sie stürzte im September 1922 das Sultanat in Istanbul, führte die Republik mit der Hauptstadt Ankara ein und begründete die moderne Türkei. Die griechische Invasionsarmee wurde 1921/22 zurückgeschlagen. Auf die Verbrechen der griechischen antwortete die türkische Armee mit noch umfangreicheren Gewalttaten. Bei der wilden Vertreibung Hunderttausender von Griechen aus Kleinasien und Thrakien kamen Zehntausende ums Leben. Die unter Federführung des britischen Außenministers eingeleiteten Friedensverhandlungen mündeten in den am 24. Juli 1923 abgeschlossenen Vertrag von Lausanne. Er definierte die Türkei als Nationalstaat in seinen heutigen Grenzen.

Teil des Friedensvertrags war eine bereits am 30. Januar 1923 abgeschlossene Konvention, ein auf der Grundlage eines Papiers des Flüchtlingskommissars des Völkerbundes, Fridtjof Nansen, vereinbartes gegenseitiges Umsiedlungsabkommen. Es sanktionierte im Wesentlichen die bereits durchgeführten Vertreibungen. Betroffen waren 1,35 Millionen griechisch-orthodoxe Bürger der Türkei (aus dem westlichen Kleinasien und dem Pontus) sowie 430.000 muslimische Bürger aus Griechenland. Um der nationalstaatlichen Logik und um des „Friedens" willen mussten sie, ohne Wahlmöglichkeit, ihre jahrhundertealten Wohngebiete aufgeben. Nur Istanbul wurde ausgenommen. Die Stadt Smyrna wurde vollständig zerstört und als türkisches Izmir wieder aufgebaut. In Griechenland war nun jeder sechste Einwohner außerhalb der Staatsgrenzen geboren. Erst durch den Bevölkerungsaustausch haben Süd-Mazedonien, wo die Zwangsumgesiedelten hauptsächlich untergebracht wurden, sowie der Epirus im griechisch-albanischen Mischgebiet ihre heutige überwiegend griechische Prägung erhalten. Die sich über Jahrzehnte erstreckende und unter katastrophalen Bedingungen vollziehende Integration der Zwangsumsiedler, die nur Handgepäck mitnehmen durften, stellte für beide Staaten und für die Betroffenen selbst eine außergewöhnliche Herausforderung dar.

Die mit dem Abkommen verbundenen Erwartungen, beiden Ländern zu einer größeren Homogenität der jeweiligen Bevölkerung zu verhelfen, trafen ein. Aber sie beseitigten die tief wurzelnden Streitfragen nicht. Die Spannungen zwischen den beiden Staaten reichen bis in die Gegenwart. Hinzu

Griechische Umsiedler in den Logen des städtischen Theaters von Athen nach dem Vertrag von Lausanne (1923): Eine Loge für eine Familie (Archiv des Völkerbunds, Genf)

Volksdeutsche Umsiedler aus Litauen treffen 1941 in Eydtkuhnen, der ostpreußischen Grenzstation, ein (SV-Bilderdienst).

kommt, dass mit dem Abkommen Menschen, die differenziert nach Berufen, Wohnvierteln, Traditionen und Glauben Jahrhunderte zusammen gelebt hatten, buchstäblich entwurzelt wurden. Sie wurden zu bloßen Objekten des modernen Nationalstaatsgedankens degradiert.

Dennoch setzte sich in der europäischen Öffentlichkeit die Vorstellung durch, dass durch das Abkommen die ethnische, in diesem Fall konfessionell begründete Gemengelage beispielhaft „gelöst“ worden sei. Weil man meinte, mit der „Entmischung“ ein Modell für die Lösung von Nationalitätenfragen gefunden zu haben, sollte das Abkommen von Lausanne zum Prototyp für die künftige Umsiedlung und Vertreibung von Minderheiten in Europa werden.

3.4. „Heim ins Reich“

Nach der Annexion Österreichs 1938 wurde die Tschechoslowakei mit Billigung der europäischen Großmächte (Frankreich, Großbritannien, Italien) Opfer der Hitlerschen Pläne zur „Neuordnung Europas“. Das Münchner Abkommen vom 29. September 1938 enthielt auch einen Abschnitt, in dem ein Optionsrecht für die betroffene Bevölkerung festgeschrieben war. Er ging auf den englischen Premierminister Chamberlain zurück, der dabei auf das in Griechenland, Bulgarien und Türkei angewandte „Prinzip des Bevölkerungsaustauschs“ verwiesen hatte. Nach dem Einmarsch der Wehrmacht und der endgültigen „Zerschlagung“ der Tschechoslowakei am 15. März 1939 löste Hitler mit dem Angriff auf Polen am 1. September 1939 den Zweiten Weltkrieg aus. Britischen Bemühungen, den deutsch-polnischen Konflikt in letzter Minute durch einen Bevölkerungsaustausch von Danzigern, Westpreußen oder Oberschlesiern zu vermeiden, war kein Erfolg beschieden. Sie zeigen aber, dass Bevölkerungsumsiedlungen zu einem selbstverständlichen Instrument europäischer Politik geworden waren.

In seiner Reichstagsrede vom 6. Oktober 1939, in der er eine Bilanz des Polenfeldzugs zog, kündigte Hitler eine „neue Ordnung der ethnographischen Verhältnisse“ an, „um auf diese Weise wenigstens einen Teil der europäischen Konfliktstoffe zu beseitigen“. Zwar bezog er sich dabei angesichts des ihm verhassten Völkerbundes nicht auf den Vertrag von Lausanne. Doch zweifellos waren seine Überlegungen nicht zuletzt dank der positiven Einschätzung, der sich dieses Umsiedlungsabkommen erfreute, auch ihm verpflichtet. Umsiedlungen waren dem nationalsozialistischen Deutschland ein willkommenes Mittel, die zur rassisch fundierten Volksgemeinschaft umgedeutete Nation zu stärken.

Bei seinem Entschluss, „die nicht haltbaren Splitter des deutschen Volkstums“ in Ost- und Südosteuropa umzusiedeln, ließ sich Hitler von einem rassisch und völkisch aufgeladenen Nationalismus leiten. Die militärisch-strategischen Überlegungen wurden der Rasse-, Expansions- und Lebensraumpolitik mit dem Ziel eines nationalsozialistischen „Großgermanischen Reiches deutscher Nation“ untergeordnet. War der deutsch-sowjetische Nichtangriffspakt ein vergeblicher Versuch, die Westmächte von einem Eintritt zugunsten Polens abzuhalten, so wurden im deutsch-sowjetischen Freundschaftsvertrag vom 28. September 1939 die Interessenssphären gegenseitig abgegrenzt. Eines der dafür vorgesehenen Mittel waren die vereinbarten Umsiedlungen.

Strategischen Überlegungen war auch der erste Umsiedlungsvertrag verpflichtet,

Ausweisung einer polnischen Familie aus dem von der deutschen Wehrmacht besetzten Westpolen, 1940 (Bundesarchiv 146/89/119/2)

den das Deutsche Reich abschloss. Um das faschistische Italien an sich zu binden, einigte sich Hitler mit Mussolini auf die Umsiedlung der deutschsprachigen Südtiroler. Zwar entschied sich, nicht zuletzt aufgrund nationalsozialistischer Propaganda, ein Großteil der Südtiroler auf Grund des vertraglich festgelegten Optionsrechts für Deutschland. Letztendlich machten aber nur etwa 75.000 Südtiroler davon Gebrauch. Anders als geplant wurden sie auch nicht im Elsass, in den Beskiden oder auf der Krim angesiedelt, sondern in nächster Nähe der deutsch-italienischen Grenze.

Dem Abkommen mit Italien folgten weitere 14 Umsiedlungsverträge mit einer Reihe ost- und südosteuropäischer Staaten. Unter der Parole „Heim ins Reich" wurde die deutsche Bevölkerung u.a. aus den drei baltischen Staaten, aus Wolhynien, Bessarabien, der Bukowina, der Dobrudscha, aus der Gottschee, aus Bulgarien und Bosnien von der Dienststelle des „Reichskommissars für die Festigung deutschen Volkstums" umgesiedelt. Für die großangelegte, planmäßig und systematisch durchgeführte Umsiedlung von etwa einer Million Volksdeutscher wurde ein spezialisierter Apparat aufgebaut. Er sicherte die technische Abwicklung der einzelnen Umsiedlungen, die auch eine rassische Prüfung mit einschloss. Zudem sorgte er dafür, dass sowohl die Betroffenen als auch die Reichsbevölkerung unter der Losung „Ihr verliert die Heimat, um das Vaterland zu gewinnen" propagandistisch darauf eingestimmt wurde. Das war auch notwendig, wurde doch die überwiegende Mehrheit der Umsiedler nicht im Reich, sondern zur Eindeutschung der eroberten Gebiete, vor allem im so genannten Warthegau angesiedelt. Von dort hatte man zuvor einen Teil der polnischen und jüdischen Bevölkerung ausgesiedelt und deportiert. Für die Ansiedlung einer deutschen Umsiedlerfamilie wurden in der Regel zwei bis drei „fremdvölkische Familien", so die NS-Bezeichnung für die ansässige Bevölkerung, von ihren Höfen vertrieben.

3.5. Umsiedlungen und Deportationen in Russland und in der Sowjetunion

Die Ende des 19. und zu Beginn des 20. Jahrhunderts von der russischen Regierung im Zuge der Russifizierungspolitik erlassenen Gesetze schränkten den Zuzug und den Landerwerb von seit dem 18. Jahrhundert von den Zaren ins Land gerufenen deutschen und polnischen Ansiedlern ein. Im Zuge des Ersten Weltkrieges wurden zunächst die deutschen Kolonisten im Bereich der russisch-deutschen Front aufgefordert, dieses Gebiet zu verlassen. Anfang Mai 1915 durchbrachen die Armeen der Mittelmächte die Front in Galizien und drangen auf russisches Gebiet vor. Daraufhin sollten die 210.000 Deutschen und die Juden Wolhyniens und benachbarter Gouvernements den Weg ins Landesinnere antreten. Zusammen mit den Deutschen und Juden Russisch-Polens dürften etwa 800.000 Deutsche und 600.000 Juden von der Zwangsumsiedlung betroffen gewesen sein. Die unter chaotischen Bedingungen, mit Viehwaggons, Schiffen und Pferdefuhrwerken durchgeführte Umsiedlung, forderte eine nicht bekannte Zahl von Todesopfern.

Meldeten sich damals noch kritische Stimmen zu Wort, so gingen diese in den 1920er Jahren, als Umsiedlungen in Kasachstan, Kirgisien und dem nördlichen Kaukasus durchgeführt wurden, zurück. Sie verstummten während des von Umsiedlungen und Deportationen großen Umfangs gekennzeichneten stalinistischen Terrors der 1930er Jahre. Er richtete sich nicht nur gegen potenzielle „Klassenfeinde", sondern zunehmend auch gegen die sogenannten Diaspora-Nationalitäten und die „Nationalitäten feindlicher Regierungen", wie Deutsche, Polen, Letten, Finnen, Iraner und Kurden. Aus den 1939 und 1940 im Zuge des Hitler-Stalin-Paktes annektierten Gebieten Polens, Rumäniens und des Baltikums deportierte die Sowjetunion ebenfalls Teile der Bevölkerung ins Landesinnere, insgesamt etwa 1,2 Millionen Menschen.

Deutsche Umsiedler beziehen Anfang der vierziger Jahre einen Bauernhof in Polen, deren Besitzer kurz zuvor vertrieben wurden oder geflohen waren (SV-Bilderdienst)

Niederbrennung der Synagoge in Troppau/Sudetenland, während der „Kristallnacht“ 1938 (Natalia Berger (Hrsg.): Wo sich Kulturen begegnen. Die Geschichte der tschechoslowakischen Juden. Prag 1992, S. 174)

Mit dem Angriff des nationalsozialistischen Deutschlands im Juni 1941 griff die sowjetische Führung verstärkt zum Instrument der Umsiedlung und Deportation ganzer Bevölkerungsgruppen. Die Deportation der Deutschen leitete der Erlass des Präsidiums des Obersten Sowjet vom 28. August 1941 ein. Zwischen September 1941 und Januar 1942 wurden bis zu 1,2 Millionen Deutsche aus der Autonomen Wolgarepublik, aber auch anderen Regionen der UdSSR in die Rayons Nowosibirsk und Omsk, in das Altaigebiet nach Kasachstan und in der Nachkriegszeit auch nach Kirgisien deportiert. Man geht davon aus, dass 30 Prozent der Deportierten umkamen. Vergleichbare Verlustzahlen hatten die 1944 ebenfalls in das Gebiet Zentralasiens deportierten Bevölkerungsgruppen der Tschetschenen, Inguschen und Krimtataren, die höchsten aber die Kalmücken zu beklagen.

3.6. Umsiedlungen in Europa während des Zweiten Weltkriegs

Kriege und ihr Umfeld bildeten schon bis in die 1940er Jahre den Hintergrund sowie den Anlass, um durch Umsiedlungen und Vertreibungen nationale Minderheitenprobleme „zu lösen“. Während des Zweiten Weltkriegs erreichten sie im Schatten des seine Fangarme auf ganz Europa ausbreitenden nationalsozialistischen Deutschlands ein bis dahin nicht gekanntes Ausmaß. Umsiedlungen aus dem Elsass und aus Lothringen erfolgten ebenso, wie aus den Gebieten des 1941 zerschlagenen Jugoslawien. Mit der Errichtung des Unabhängigen Staates Kroatien und den anderen Gebietsveränderungen in der Region ging die Umsiedlung, Vertreibung und auch Massakrierung von Juden, Slowenen und Serben einher. Die Annexion der südlichen Dobrudscha durch Bulgarien war mit einem Bevölkerungsaustausch verbunden. 100.000 Rumänen mussten dieses Gebiet, 61.000 Bulgaren jenes der nördlichen Dobrudscha verlassen. Nach der Eroberung Mazedoniens 1941 wies Bulgarien Hunderttausende von Griechen und Serben aus.

Dem Radikalnationalismus in Deutschland dienten Umsiedlung und Vertreibung als Mittel zur Verwirklichung seiner Rassen- und Expansionspolitik. Von „ethnischer Flurbereinigung“ war in der Sprache der SS schon im Herbst 1939 die Rede. Die Umsiedlung und Ansiedlung von Volksdeutschen bildete nur den Auftakt groß angelegter Planungen, wie sie im Generalplan Ost konkretisiert wurden. Danach galt es, die sogenannte Volkstumsgrenze 1.000 Kilometer nach Osten zu verschieben, 30 bis 40 Millionen „Fremdrassige“ zu deportieren, d.h. zu vernichten, und die Gebiete mit deutschen Neusiedlern zu germanisieren. „Umvolkung der rassisch Geeigneten, Aussiedlung von rassisch Unverdaulichen, Sonderbehandlung destruktiver Elemente, Neubesiedlung dadurch freigewordenen Raumes mit frischem deutschem Blut“, war die Devise des zur „politischen Religion“ gesteigerten Radikalnationalismus.

3.7. Der Mord an den europäischen Juden

Organisatorisch, personell und in ihrer Zielsetzung mündeten die unter der Parole „Heim ins Reich“ durchgeführten Umsiedlungen von Volksdeutschen und die Umvolkungspolitik gegenüber den slawischen Völkern in Osteuropa in die nationalsozialistische Vernichtungspolitik, deren Vorstufe sie bildeten. Die Züge, in denen Umsiedler ins Wartheland gebracht wurden, transportierten auf der Rückreise polnische Juden nach Osten. Zunächst wurde die „Lösung der Judenfrage“ noch im Rahmen der nationalsozialistischen Vertreibungen, des

Überlebende Häftlinge des Konzentrationslagers Auschwitz im Mai 1945 nach der Befreiung durch die Rote Armee (Ullstein bild)

Hin- und Hersiedelns von als nicht arisch eingestuften Bevölkerungsgruppen Ostmitteleuropas gesehen. Der Madagaskar-Plan steht dafür. Nach dem Beginn des Zweiten Weltkriegs bildete sich dann der Entschluss zur physischen Vernichtung der jüdischen Bevölkerung Europas heraus. Hitlers Ankündigung vom 30. Januar 1939, die europäischen Juden zu vernichten, falls es zu einem Weltkrieg komme, entwickelte sich sukzessive zu einer grausamen Realität. Mit der Ermordung behinderter Menschen und der sogenannten „Fremdvölkischen“, u.a. auch Sinti und Roma, die im Vernichtungsantisemitismus gipfelte, war das Ziel der „vollendeten Nation“ verbunden.

Noch bevor im Januar 1942 auf der Wannsee-Konferenz in Berlin die konkrete Durchführung der „Endlösung der Judenfrage“ erörtert wurde, hatte die systematische Tötung der europäischen Juden bereits begonnen: Am 24. Juni 1941, zwei Tage nach dem Überfall auf die Sowjetunion, fanden erste Massenerschießungen in der litauischen Stadt Garsden statt. Am 8. Dezember 1941 nahm das erste Vernichtungslager in Chełmno seinen mörderischen Betrieb auf. Vom Frühjahr 1942 an weitete das nationalsozialistische Deutschland das fabrikmäßige Töten dann auf ganz Europa aus. Das Konzentrationslager Auschwitz-Birkenau wurde schließlich zum zentralen Vernichtungsort und zum Symbol menschenverachtender Grausamkeiten. Knapp die Hälfte der insgesamt fast sechs Millionen ermordeten Juden wurde in den Vernichtungslagern vergast. Die andere Hälfte starb unter den unmenschlichen Bedingungen, durch Misshandlungen in den Lagern, als Arbeitssklaven in den KZs und als Folge von Massenerschießungen. Der im Nationalstaat wurzelnde Gedanke, durch Trennung und Umsiedlung von Nationen und Nationalitäten Frieden schaffen zu können, mündete in den die menschliche Vorstellungskraft sprengenden Genozid des nationalsozialistischen Deutschlands an den Juden.

Darstellung und Perspektiven

Kapitel 4: Umsiedlung, Flucht und Vertreibung der Deutschen

4.1. Entstehung und Ziele der Umsiedlungs- und Vertreibungspläne

Mit Beginn des Zweiten Weltkriegs setzten auf Seiten der Alliierten, und hier am frühesten bei den Briten, aber auch bei den Exilregierungen einzelner ostmitteleuropäischer Staaten Planungen für die Nachkriegszeit ein. Als Reaktion auf das Münchner Abkommen und die Politik der Sudetendeutschen Partei plädierte der Präsident der tschechoslowakischen Exilregierung, Edvard Beneš, schon 1938 für Grenzveränderungen zugunsten Deutschlands und einer Bevölkerungsumsiedlung. Er glaubte damit das nachholen zu müssen, was 1918 nicht gelungen war: Staaten zu schaffen, die national und sprachlich einheitlich waren. Die Pläne, durch Umsiedlung möglichst homogene Nationalstaaten und damit eine stabile Friedensordnung im Nachkriegseuropa zu schaffen, mussten nicht erfunden werden und gehen auch nicht auf die Entscheidung einer Person zurück. Ebenso abwegig ist es, in ihnen eine bloße Reaktion auf die nationalsozialistische Rassen-, Eroberungs- und Vernichtungspolitik zu sehen. Vielmehr handelt es sich um einen unter den Bedingungen eines zum totalen Krieg ausgearteten Zweiten Weltkriegs allmählich gereiften Entscheidungsprozess. In ihm mündeten in einem komplizierten Wechselspiel der Gedanke des ethnisch homogenen Nationalstaats, der Minderheitenfragen zu einem „ungelösten Problem" werden ließ, die praktische Erfahrung mit Bevölkerungsaustausch und Umsiedlungen in der europäischen Geschichte des 20. Jahrhunderts, die Folgen des deutschen Okkupationsregimes und dessen menschenverachtende Vernichtungspolitik sowie die nach Westen strebende Großmachtpolitik der Sowjetunion.

In den Kriegsjahren radikalisierte sich die Einstellung der in London residierenden Exilregierungen der Tschechoslowakei und Polens (wie 1944/45 auch in Ungarn und Jugoslawien) gegenüber den in ihren Ländern beheimateten Volksdeutschen. Diese wurden nunmehr als „Quartiermacher Hitlers" und „fünfte Kolonne" für die Verbrechen des Dritten Reiches kollektiv verantwortlich gemacht. Mit ihnen wollten diese Staatsvölker als Opfer der nationalsozialistischen Besetzung nicht mehr zusammenleben. Das Auftreten nationalsozialistischer Organisationen innerhalb der deutschen Volksgruppen schien den Vorwurf der „Kollaboration" zu bestätigen. Dass diese Organisationen die Volksgruppen im Dienst des Dritten Reiches missbrauchten, wollten die Widerstandsgruppen, Partisanen und Exilpolitiker nicht zur Kenntnis nehmen. Sie nahmen sich die Bevölkerungsverschiebungen der jüngeren europäischen Geschichte und jene von Hitler in großem Maßstab durchgeführten zum Vorbild, um durch solche „ihre" Deutschen los zu werden. Die von der Exilregierung der ČSR entworfenen Pläne zur Umsiedlung weiteten sich während des Krieges faktisch auf die Gesamtheit der 3,3 Millionen Sudetendeutschen und Karpatendeutschen aus. Sie deckten sich mit der britischen Zustimmung zu groß angelegten Bevölkerungsumsiedlungen. In ihrem Memorandum vom 23. November 1944 sprach sich die tschechoslowakische Exilregierung dann neben der Vertreibung fast aller Deutscher, die sie auch für die Zerschlagung ihres Staates (1938/39) verantwortlich machte, ebenfalls für die Vertreibung der Ungarn vom wiederherzustel-

Evakuierung von Siebenbürger Sachsen von Bistritz in Nordsiebenbürgen nach Deutschland im September 1944: Alltag auf der Flucht (Verlagskontor Osberghaus)

lenden tschechoslowakischen Staatsgebiet aus.

Mit den alliierten Kriegskonferenzen erhielten die Umsiedlungspläne eine neue Dimension. Nicht nur die deutschen Minderheiten aus einzelnen Staaten sollten umgesiedelt werden, sondern die Ausweisung der deutschen Bevölkerung aus vom Reich abzutrennender Gebiete wurde beschlossen. Grenzveränderungen waren auch nach Ansicht der USA mit Umsiedlungen verbunden. Auf der Konferenz in Teheran Anfang Dezember 1943 kamen die „großen Drei“, Churchill, Roosevelt und Stalin, überein und besiegelten dann auf der Konferenz in Jalta im Februar 1945 die Westverschiebung der polnischen Grenzen zu Lasten Deutschlands. Damit hatte sich die Großmachtpolitik der Sowjetunion durchgesetzt und es war klar, dass die deutsche Bevölkerung aus den zunächst nur unter polnische Verwaltung gestellten Ostgebieten des Reiches (Schlesien, Pommern, Danzig, südliches Ostpreußen, Ostbrandenburg) vertrieben werden sollte.

Eindeutig war der Standpunkt der britischen Regierung, die bereits im Sommer 1942 der Vertreibung der deutschen Bevölkerung aus dem östlichen Europa grundsätzlich zugestimmt hatte und bis 1944 ausführliche Pläne über solche „Transfers“ erstellte. Schließlich erklärte der britische Premier Winston Churchill in seiner Unterhausrede vom 15. Dezember 1944 öffentlich seine Absicht, durch solche Vertreibungsaktionen „reinen Tisch zu machen“. Der Gedanke des ethnisch entmischten, von jeglicher Minderheit befreiten und damit vermeintlich konfliktfreien Nationalstaats wurde damit zu einem allseits anerkannten Grundsatz der internationalen Nachkriegsordnung. Das dadurch verursachte Unrecht und Elend nahm man billigend in Kauf. Die Zahl der Menschen, die nach dem Zweiten Weltkrieg allein durch die Umsetzung der Transferpläne ihre Heimat verloren, wird auf 20 Millionen geschätzt. Davon waren 14 Millionen Deutsche.

4.2. Evakuierung und Flucht

Der Verlauf des Krieges, der spätestens nach Stalingrad den Aggressor Deutschland zusehends zum Besiegten und das Reichsgebiet zum Kriegsschauplatz werden ließ, führte 1944 zu groß angelegten Evakuierungen durch die Reichsbehörden. Den Betroffenen gaukelte man vor, es handle sich um eine vorübergehende Maßnahme. Nachdem man die zur „asiatischen Gefahr“ dämonisierten sowjetischen Truppen zurückgeschlagen habe, könnten die Evakuierten in ihre Heimatgebiete zurückkehren. Zwischen Oktober 1944 und März 1945 wurden etwa 100.000 der etwa 140.000 Deutschen aus der Slowakei, die sogenannten Karpatendeutschen, nach Westen evakuiert. Mit 95.000 Personen wurden die Deutschen aus dem Unabhängigen Staat Kroatien fast vollständig evakuiert. Sie gelangten ins Protektorat Böhmen und Mähren, ins Sudetenland oder nach Österreich. Eine umfassende Evakuierung von Sudetendeutschen fand nur im Ostsudetenland statt.

Mit dem Vorrücken der Front setzte in vielen Gebieten die Fluchtbewegung der deutschen Bevölkerung ein. In Ostpreußen und weiteren Bereichen der Ostgebiete des Deutschen Reichs geschah das bereits im Herbst 1944, als die im Rückzug begriffene deutsche Ostfront sich schnell nach Westen verschob. Meist handelte es sich um einen überstürzten Aufbruch in letzter Sekunde vor den Truppen der sowjetischen Armee. Das Chaos der überwiegend spontanen Fluchtaktionen hatte der nationalsozialistische Verwaltungsapparat mit zu verantworten. So verbot beispielsweise der Gauleiter Ostpreußens, Erich Koch, die Vorbereitung der Evakuierung der ansässigen Bevölkerung und propagierte auch noch Anfang 1945 Durchhalteparolen. Allerdings interessierte einen Teil der Bevölkerung das Warten bis zu einem offiziellen Evakuierungsbefehl wenig: man flüchtete auf eigene Faust. Aus der alteingesessenen deutschen Bevölkerung und den seit 1939 angesiedelten volksdeutschen Umsiedlern wurden Flüchtlinge.

Die bekannt gewordenen Gräueltaten der sowjetischen Einheiten bei der Erobe-

Erschlagene Kinder in Nemmersdorf/Ostpreußen, Oktober 1944 (Bundesarchiv 101 I/464/383 I / 28)

Ein Treck von ostpreußischen Flüchtlingen bei Braunsberg, Januar 1945 (Bundesarchiv 146/76/72/9)

rung deutscher Ortschaften, wie zum Beispiel in Nemmersdorf, und zusätzlich propagandistisch geschürte Panik verstärkten trotz des extrem kalten Winters die Bereitschaft zur Flucht. Die „Unfähigkeit zu kapitulieren" zeigte sich auch in Breslau, der Hauptstadt Niederschlesiens. Wie im ostpreußischen Königsberg wurde auch hier so lange gekämpft, wie es überhaupt möglich war. Erst am 6. Mai 1945, kurz vor der Kapitulation des Deutschen Reiches, resignierte das zuständige deutsche Kommando vor der Belagerung durch die Rote Armee.

Nach der bedingungslosen Kapitulation der Deutschen Wehrmacht strebten Tausende der Flüchtlinge aus den deutschen Ostgebieten in ihre Heimat zurück. Doch bereits im Mai und Juni 1945 begannen ihnen polnische Verbände den Übertritt an Oder und Neiße zu verweigern, um eine Rückkehr der Deutschen in ihre Heimat dauerhaft zu verhindern. Aus Evakuierten und Flüchtlingen sind so Vertriebene geworden.

4.3. Wilde Vertreibungen: Das Beispiel Polen und Tschechoslowakei

Die ersten Vertreibungen im Anschluss an die Eroberung deutscher Gebiete und der unter nationalsozialistischer Herrschaft stehenden Territorien durch die Rote Armee bis zur Potsdamer Konferenz im Juli und August 1945 werden als „wilde Vertreibungen" bezeichnet. Es handelt sich um willkürliche Vertreibung ohne vertragliche Sanktionierung. Bereits im Winter 1944/45 entlud sich in den zuerst eroberten Gebieten Ostpreußens und Schlesiens in vielen Fällen der Hass der sowjetischen Soldaten, deren Land durch den deutschen Vernichtungskrieg schweren Schaden genommen hatte. Auch bei Teilen der polnischen und tschechischen Bevölkerung flossen Vergeltungsgefühle in die nun folgenden exzessartigen Ausschreitungen gegen Deutsche ein. Vergewaltigungen und Lynchjustiz standen auf der Tagesordnung. Das hohe Maß an Brutalität gegenüber den Verfolgten kennzeichnet diese Phase des Vertreibungsprozesses.

Die „wilden Vertreibungen" wirkten spontan, waren aber weitgehend auch gesteuert. Bis zur Potsdamer Konferenz sollten möglichst unumkehrbare Fakten geschaffen werden, nämlich die Gebiete „ethnisch zu säubern". Aufgestachelt durch Aufrufe im Rundfunk und durch gezielte Hetze auf Flugblättern machten sich Armee-Einheiten sowie in der Tschechoslowakei auch spontan gebildete „revolutionäre Formationen" und neugebildete Polizeiverbände daran, in kurzer Zeit möglichst viele Deutsche aus ihrer Heimat zu entfernen.

Nach dem Ende der Kampfhandlungen im Frühjahr 1945 übernahmen polnische Behörden unter Duldung, aber auch Kritik der sowjetischen Befehlshaber, die Verwaltung der besetzten deutschen Ostgebiete, in der Amtssprache als „Wiedergewonnene Gebiete" bezeichnet. Damit verbunden war die „Lösung der Frage der Deutschen". Von Juni bis Mitte Juli 1945 vertrieben polnisches Militär und die Miliz beispielsweise fast die gesamte deutsche Bevölkerung der Oder-Neiße-Region. Schätzungen gehen davon aus, das darüber hinaus etwa 400.000 Deutsche in Polen und den deutschen Ostgebieten von der „wilden Vertreibung" betroffen waren. Organisiert war die „wilde Vertreibung" insofern, als Militäreinheiten nach einem festen Plan die Ortschaften nach Deutschen durchsuchten. Auf dem meistens zu Fuß zurückgelegten Weg waren die Vertriebenen Plünderungen und Gewaltakten ausgesetzt. Ein Teil der Deutschen wurde zunächst noch in Internierungs- und Konzentrationslagern festgehalten, ein anderer Teil in den oberschlesischen Bergwerken zur Zwangsarbeit verpflichtet und eine weitere Gruppe von den Sowjets zur Zwangsarbeit in die UdSSR deportiert.

Tschechoslowakische Revolutionsgarden zogen aus dem ehemaligen Protektorat in die Grenzgebiete – das Sudetenland – und begannen dort mit der Vertreibung der Deutschen. Besonders hart traf es oft die Bewohner in Mischsiedlungen oder den sogenannten Sprachinseln. Die Exzesse, zum Beispiel in Prag, Brünn, Aussig und anderen

Zerschossener Treckwagen auf dem Frischen Haff, Februar 1945 (SV-Bilderdienst)

Städten, die Tausende von Opfern forderten, sind neben anderen gut überliefert. Schätzungsweise 450.000 Deutsche, meist Ältere, Frauen und Kinder, wurden in der Phase der ,,wilden Vertreibungen" aus der Tschechoslowakei in die Sowjetische Besatzungszone vertrieben. Die brutalen Ausschreitungen veranlassten die Amerikaner, ihre Besatzungszone im Juni 1945 kurzfristig für Vertriebene zu sperren.

In den Zeitraum der „wilden Vertreibungen" fallen auch einige der vom tschechoslowakischen Staatspräsidenten Beneš erlassenen juristischen Anordnungen. Die sogenannten Beneš-Dekrete beinhalteten u. a. das Straffreistellungsgesetz vom 8. Mai 1946 und die Enteignung der deutschen und ungarischen Bevölkerung sowie die Aberkennung ihrer tschechoslowakischen Staatsbürgerschaft.

4.4. Die Konferenz von Potsdam und die Folgen

Als sich Mitte Juli 1945 die „großen Drei", Generalissimus Stalin, Premierminister Churchill und Präsident Truman, in Potsdam trafen, um nach der Kapitulation Deutschlands über dessen Zukunft und die europäische Nachkriegsordnung zu beraten, erreichten in Polen und in der Tschechoslowakei die ,,wilden Vertreibungen" gerade ihren Höhepunkt. Um diesen Einhalt zu gebieten und als Ergebnis der gefundenen Kompromisse bei der Westverschiebung Polens und den Reparationen, billigten die Siegermächte mit dem am 2. August 1945 ausgehandelten Artikel XIII des Potsdamer Protokolls („Potsdamer Abkommen") „die Umsiedlung der deutschen Bevölkerung, die in Polen, der Tschechoslowakei und

Flüchtlingstreck auf dem Frischen Haff, Januar 1945 (Ullstein bild)

Im Januar 1945 wird das Lazarettschiff „Wilhelm Gustloff" eingesetzt, um Flüchtlinge aus Ostpreußen über die Ostsee zu evakuieren. Das Schiff legt mit ca. 10.600 Menschen an Bord ab, davon etwa 4.000 Kinder, da es die Anweisung gibt, vorwiegend Mütter und Kinder zu evakuieren. Das Schiff wird in der Nacht zum 30. Januar 1945 von einem russischen U-Boot mit drei Torpedotreffern versenkt, etwa 9.300 Menschen sterben, nur 1.300 können gerettet werden (SV-Bilderdienst)

Von Flüchtlingen zurückgelassene Treckwagen am Kai von Gotenhafen (Gdingen) bei Danzig, Januar 1945 (SV-Bilderdienst)

Ungarn zurückgeblieben war". Angesichts der in den letzten Wochen bekannt gewordenen Gräuel, mit denen eine solche „Umsiedlung" offenbar verbunden war, verlangten die Westmächte, solche Maßnahmen künftig „in geordneter und humaner Weise" durchzuführen. Mit Verweis auf den Vertrag von Lausanne und die „Heim ins Reich"-Umsiedlungen Hitlers war man sich in den Verhandlungen der Alliierten darüber einig, dass es sich zwar um eine in ihrem Umfang bis dahin nicht gekannte, aber notwendige und durchführbare Umsiedlung handelte.

Nach der Potsdamer Konferenz wählten viele, bis zu 550.000 Ostdeutsche in Polen und in den von den Siegermächten unter polnische Verwaltung gestellten deutschen Reichsgebieten den Weg der amtlich bestätigten ,,freiwilligen" Aussiedlung. Sie versuchten so, der Entrechtung, Enteignung und Konzentration in Gefängnissen, Arbeits- und Interniertenlagern zu entgehen.

Die 1946 einsetzenden Massenaussiedlungen folgten einem vom Alliierten Kontrollrat am 21. November 1945 verabschiedeten Plan. Er war bereits bei seiner Verabschiedung überholt. Danach hatte die britische Zone 22,5 Prozent, d.h. 1,5 Millionen Deutsche ausschließlich aus Polen, die amerikanische Zone 33,5 Prozent, etwa 2,25 Millionen, die sowjetische Zone 41,5 Prozent, d.h. 2,75 Millionen Deutsche vor allem aus Polen und der Tschechoslowakei, und die französische Zone 150.000 vor allem deutsche Reichsbürger aus Österreich aufzunehmen.

Bei den von Polen zentral gelenkten und von den Briten kontrollierten Massenaussiedlungen wurde versucht, wenigstens einige Normen und Verhaltensregeln einzuhalten. Dennoch waren Diebstähle, Überfälle auf die Transporte, Raubzüge und in geringerem Maße auch die Bedrohung des Lebens der Vertriebenen an der Tagesordnung. Restriktionen beim Gepäck der Vertriebenen, fehlende oder unzureichende Versorgung mit Lebensmitteln und katastrophale hygienische Verhältnisse bewogen die britischen Behörden im August 1946, die Tageskontingente von 8.000 auf 5.000 Menschen zu verringern, bis sie Ende 1946 jegliche weitere Aufnahme verweigerten. Insgesamt wurden im Rahmen der im Potsdamer Abkommen als geregelt bezeichneten Aussiedlung 1,5 Millionen Deutsche aus Polen und den polnisch besetzten Gebieten in die britische Zone vertrieben, in die sowjetische Besatzungszone 1,8 Millionen, wobei in diese bis November 1947 die Transportzüge rollten.

Flüchtlingskinder aus Pommern auf dem Bahnhof Lankwitz in Berlin, 1945 (Bundesarchiv 183/S 74035)

Im Zuge des Vertreibungsprozesses der Sudeten- und Karpatendeutschen aus der Tschechoslowakei, von tschechischer Seite ,,odsun", „Abschub" genannt, wurden mit Eisenbahntransporten von Januar bis November 1946 1,4 Millionen in die amerikani-

Die deutsche Bevölkerung der mährischen Stadt Brünn wird Ende Mai 1945 zusammengetrieben (Sudetendeutsches Archiv)

sche und bis einschließlich 1947 790.000 Personen in die sowjetische Besatzungszone vertrieben. Die von den Alliierten ausgehandelten Bestimmungen sahen vor, dass 50 Kilogramm Gepäck und 500 Reichsmark mitgeführt werden durften. Ähnliche Regelungen galten auch in Polen und Ungarn, die aber in der Praxis nicht selten missachtet wurden. Zurück blieben 230.000, auf Grund der Beneš-Dekrete entrechtete Deutsche, deren Lage sich erst im Verlauf der 1950er Jahre allmählich verbesserte.

Die Initiative zur Vertreibung der Deutschen aus Ungarn ging einerseits von der politischen Führung des Landes, anderseits von der tschechoslowakischen Regierung aus. Mit Ausnahme der Sozialdemokraten traten alle im Provisorischen Parlament vertretenen ungarischen Parteien für eine teilweise oder vollständige Vertreibung der Ungarndeutschen ein. Von Anfang an stand Ungarn jedoch auch unter dem Druck seitens der Tschechoslowakei. Sie wollte möglichst viele der in der Slowakei beheimateten Magyaren nach Ungarn abschieben. Um für diese Platz zu schaffen, setzte sich Ungarn bei den Siegermächten für die Vertreibung aller Ungarndeutschen ein. „Vom nationalitätenpolitischen Standpunkt ist es unzweifelhaft im Interesse Ungarns, dass die Deutschen in um so größerer Zahl das Land verlassen. Niemals wird eine solche Gelegenheit wiederkehren, sich von den Deutschen zu befreien," sagte der damalige Minister für Wiederaufbau. Solchen Überlegungen verpflichtet, ersuchte die ungarische Regierung bereits im Mai 1945 die Siegermächte, der Vertreibung von 200.000 bis 250.000 Ungarndeutschen zuzustimmen. Das Potsdamer Abkommen entsprach diesem Plan. Die Regierungsverordnung vom 22. Dezember 1945 über die „Aussiedlung" der Ungarndeutschen sah vor, aufgrund des Prinzips der Kollektivschuld mit 500.000 eigentlich alle Deutschen zu vertreiben. Die geregelte Massenaussiedlung in die amerikanische Besatzungszone begann am 19. Januar 1946. Nachdem sie wegen wachsenden innen- und außenpolitischen Drucks Anfang Juni unterbrochen worden waren, wurden sie am 8. November wieder aufgenommen und nach wenigen Transporten im Dezember von den amerikanischen Behörden überhaupt eingestellt. Insgesamt kamen etwa 150.000 Ungarndeutsche in die amerikanische Zone, vorwiegend nach Nordbaden und Nordwürttemberg. Im Zeitraum vom 19. August 1947 bis zum 15. Juni 1948 wurden noch einmal rund 50.000 Personen in die sowjetische Besatzungszone abgeschoben. An die 200.000 Ungarndeutsche blieben zurück. Über 30.000 Ungarndeutsche wurden für Jahre zur Zwangsarbeit in die Sowjetunion deportiert.

Sonderbefehl

für die deutsche Bevölkerung der Stadt Bad Salzbrunn einschliesslich Ortsteil Sandberg.

Laut Befehl der Polnischen Regierung wird befohlen:

1. Am 14. Juli 1945 ab 6 bis 9 Uhr wird eine Umsiedlung der deutschen Bevölkerung stattfinden.
2. Die deutsche Bevölkerung wird in das Gebiet westlich des Flusses Neisse umgesiedelt.
3. Jeder Deutsche darf höchstens 20 kg Reisegepäck mitnehmen.
4. Kein Transport (Wagen, Ochsen, Pferde, Kühe usw.) wird erlaubt.
5. Das ganze lebendige und tote Inventar in unbeschädigtem Zustande bleibt als Eigentum der Polnischen Regierung.
6. Die letzte Umsiedlungsfrist läuft am 14. Juli 10 Uhr ab.
7. Nichtausführung des Befehls wird mit schärfsten Strafen verfolgt, einschließlich Waffengebrauch.
8. Auch mit Waffengebrauch wird verhindert Sabotage u. Plünderung.
9. Sammelplatz an der Straße Bhf. Bad Salzbrunn-Adelsbacher Weg in einer Marschkolonne zu 4 Personen. Spitze der Kolonne 20 Meter vor der Ortschaft Adelsbach.
10. Diejenigen Deutschen, die im Besitz der Nichtevakuierungsbescheinigungen sind, dürfen die Wohnung mit ihren Angehörigen in der Zeit von 5 bis 14 Uhr nicht verlassen.
11. Alle Wohnungen in der Stadt müssen offen bleiben, die Wohnungs- und Hausschlüssel müssen nach außen gesteckt werden.

Bad Salzbrunn, 14. Juli 1945, 6 Uhr.

Abschnittskommandant
(-) Zinkowski
Oberstleutnant

Vertreibungsbefehl der polnischen Regierung für Bad Salzbrunn, Schlesien (akg)

4.5. Jugoslawien und Rumänien

Die gegen die beträchtlichen deutschen Minderheiten in Jugoslawien und Rumänien von den jeweiligen Regierungen eingeleiteten Maßnahmen unterscheiden sich bei durchaus vorhandenen Gemeinsamkeiten in wesentlichen Punkten von der Entwicklung in Polen, der Tschechoslowakei und Ungarn. Die deutsche Bevölkerung wurde entrechtet, es wurde ihr die wirtschaftliche Grundlage entzogen und ein Teil war von der Deportation in die Sowjetunion betroffen. Aber keiner der beiden Staaten bemühte sich darum, in Art. XIII des Potsdamer Abkommen aufgenommen zu werden. Das sollte sich unterschiedlich auf ihre Poli-

Unter dem Vorwand der Bedrohung Rumäniens durch den jugoslawischen Diktator Tito, der aus der von den Sowjets beherrschten kommunistischen Einheitsfront ausgeschert war, wurden im Juni 1951 in der rumänischen Grenzzone zu Jugoslawien über 12.000 Familien mit über 40.000 Menschen (Deutsche, Serben, Rumänen) in die ostrumänische Bărăgan-Steppe deportiert. (Landsmannschaft der Banater Schwaben, Landesverband Bayern; Privatbesitz)

tik gegenüber ihren deutschen Minderheiten auswirken.

Bis zum Herbst 1944 war ein großer Teil der etwa 450.000 Jugoslawiendeutschen, überwiegend Donauschwaben, bereits evakuiert oder geflüchtet. Zum Zeitpunkt der Machtübernahme durch die jugoslawische Volksbefreiungsbewegung waren noch ungefähr 200.000 Volksdeutsche im Land. Sie fielen nach der Machtübernahme durch die Partisanen vielerorts dem ungehemmten Drang nach Rache und Vergeltung zum Opfer. Kollektiv der Kollaboration mit der deutschen Besatzungsmacht beschuldigt, hat die Tito-Regierung bereits am 21. November 1944 ihre Enteignung und die Aberkennung ihrer Bürgerrechte beschlossen. Ein förmlicher Vertreibungsbeschluss ist – soweit bisher bekannt – nicht gefasst worden. Erst im Januar und erneut im Mai 1946 hat die jugoslawische Regierung die Forderung erhoben, unter Berufung auf das Potsdamer Abkommen die Zustimmung zu einem „Transfer der gesamten deutschen Minderheit" nach Deutschland zu erlangen. Das lehnte die Regierung der USA strikt ab. Zu einer direkten Vertreibung kam es deshalb nur partiell, nämlich der Deutschen aus Slowenien und aus Teilen Slawoniens. Die Deutschen in den übrigen Gebieten, vor allem in der Wojwodina, wurde in Arbeits- und Konzentrationslagern zusammengefasst und zur Zwangsarbeit eingesetzt, sofern sie die an vielen Orten verübten Massaker überlebt hatten. An der Jahreswende 1944/45 wurden an die 13.000 Jugoslawiendeutsche zur Zwangsarbeit in die Sowjetunion abtransportiert. Ein erheblicher Teil der in den Lagern Verbliebenen kam unter den Strapazen der Zwangsarbeit und der fortdauernden Misshandlungen ums Leben – schätzungsweise mindestens 64.000 Personen, darunter sehr viele Frauen und Kinder. Diese Lager werden von den Überlebenden als Todeslager bezeichnet. Der Rest der Bevölkerung wurde bis 1949 aus den Lagern entlassen und über die Grenze nach Ungarn und Österreich abgeschoben.

Ein Teil der deutschen Minderheiten Rumäniens – aus der Bukowina und der Dobrudscha – wurde 1940 „Heim ins Reich" geholt. Die Siebenbürger Sachsen aus dem Nordwesten Siebenbürgens, das im Zweiten Wiener Schiedsspruch Ungarn zugeschlagen worden war, wurden 1944 vorwiegend nach Österreich und nach Böhmen evakuiert. Nur ein geringer Teil der im Südwesten Rumäniens siedelnden Banater Schwaben floh 1944 mit den sich zurückziehenden deutschen Truppen. Nachdem Rumänien im August 1944 die Fronten wechselte und sich der Anti-Hitler-Koalition anschloss, wurden etwa 70.000 Deutsche in sowjetische Arbeitslager deportiert. Die Zahl der Todesopfer wird auf über 15 Prozent geschätzt. Die Überlebenden wie auch ein Großteil der während des Krieges Evakuierten kehrten nach Rumänien zurück. Im Zuge der kommunistischen Umgestaltung des Landes wurde die deutsche Minderheit zunächst sowohl rechtlich als auch sozial und wirtschaftlich deklassiert. Von Deportationen innerhalb des Landes war 1951 bis 1956 die Banater Bevölkerung in dem Grenzstreifen zu Jugoslawien betroffen. Dennoch und gerade weil Rumänien seine deutsche Bevölkerung nicht auswies oder vertrieb und sich in den fünfziger Jahre um eine Rückkehr der außerhalb des Landes Lebenden bemühte, bestand noch bis in die jüngste Vergangenheit eine in großen Zügen intakte deutsche Minderheit in Rumänien.

4.6. Ergebnis

Die Entscheidung, die deutsche Bevölkerung am Ende des Zweiten Weltkriegs aus den Ostprovinzen des Deutschen Reiches sowie aus einer Reihe von Staaten Ostmittel- und Südosteuropas umzusiedeln und zu vertreiben, ist das Ergebnis eines Prozesses, in dem zum einen tief verankerte Langzeitelemente ihre Wirksamkeit entfalteten. Dazu zählt der Siegeszug des übersteigerten Nationalismus und des Nationalstaates in Europa mit seinem Homo-

Zur Zwangsaussiedlung bestimmte Sudetendeutsche aus Pilsen sind zum Abtransport zusammen getrieben worden (Sudetendeutsches Archiv)

genisierungswahn ebenso, wie der damit verbundene Umgang mit nationalen Minderheiten und der in Europa weit verbreiteten Praxis, sie auf Grund zwischenstaatlicher Abkommen umzusiedeln oder sie willkürlich zu verpflanzen. Hinzu kamen zeitspezifische Faktoren, wie die europäischen Auswirkungen der vom Rassegedanken bestimmten nationalsozialistischen Expansions-, Besatzungs- und Vernichtungspolitik und die Nachkriegsziele der Alliierten. Bei allen Unterschieden bestand bei den Siegermächten grundsätzliche Einigkeit darüber, dass die Vertreibung zum Aufbau einer Nachkriegsordnung nicht nur praktikabel, sondern auch unumgänglich sei. Das Ergebnis dieses Entscheidungsprozesses waren bis zu zwei Millionen Todesopfer und etwa 12 Millionen deutsche Flüchtlinge und Vertriebene – die größte erzwungene und vertraglich sanktionierte Zwangsumsiedlung der neueren europäischen Geschichte. Das Vertreibungsschicksal jedes Einzelnen steht sinnbildlich auch für das 20. Jahrhundert, das „Jahrhundert der Flüchtlinge".

Zweifellos trugen die Vertreibungsprozesse am Ende des Zweiten Weltkrieges, von denen neben der deutschen Bevölkerung Ostmittel- und Südosteuropas in kleinerem Umfang auch andere nationale Minderheiten wie Finnen, Polen, Tschechen, Ukrainer, Weißrussen und Ungarn betroffen waren, dazu bei, die ethnische Homogenität der europäischen Staaten zu erhöhen. Doch zu welchem Preis und mit welchem Ergebnis? Die Frage, nach der Beziehung von Nationalstaat und nationalen Minderheiten blieb ebenso unbeantwortet, wie Flucht, Umsiedlung und Vertreibung auch nicht die friedliche Koexistenz der Nationalstaaten im Nachkriegseuropa sicherten. Die Abwesenheit des Krieges in Europa nach 1945 war vielmehr das Ergebnis des bedrohlichen atomaren Gleichgewichts der beiden Großmächte. Als der Kalte Krieg Ende der 1980er Jahre mit dem Zusammenbruch der Sowjetunion zu Ende ging, kehrten mit dem Zerfall Jugoslawiens auch wieder Umsiedlung, Flucht und Vertreibung bis hin zum Völkermord nach Europa zurück.

Vertreibung aus dem Osten, o.O., o.D. (Bundesarchiv 146/94/54/26)

Kapitel 5: Die Folgen

Flüchtlinge in Berlin, 1945 (akg)

5.1. Die Folgen für die Herkunftsgebiete

Von der von den Alliierten beschlossenen Umsiedlung, Flucht und Vertreibung waren am Ende des Zweiten Weltkriegs die Bevölkerung der Ostgebiete des Deutschen Reichs sowie die deutschen Minderheiten in Ostmittel- und Südosteuropa in besonderem Maße betroffen, aber nicht ausschließlich. Die Vorstellung, nur eine ethnisch, religiös oder zumindest sprachlich homogenisierte Bevölkerung gebe ein gutes Staatsvolk, stand auch Pate bei Umsiedlungen von Polen, Ukrainern, Finnen, Slowaken und Ungarn, um nur einige zu nennen. Sie führen zudem anschaulich vor Augen, dass, einmal in Gang gesetzt, Umsiedlungen von Bevölkerungsgruppen das Umsetzen anderer Minderheiten zur Folge haben.

Im Gegenzug zur zwangsweisen Aussiedlung des größten Teils der deutschen Bevölkerung bis 1948/49 wurden etwa 1,5 Millionen Polen aus den von der Sowjetunion annektierten polnischen Ostgebieten (Galizien, Wolhynien) sowie rund 150.000 Angehörige der ukrainischen Minderheit aus Südostpolen zwangsweise umgesiedelt. Angesiedelt wurden sie in den Polen im Potsdamer Abkommen zugesprochenen Gebieten des Deutschen Reiches, den zunächst unter polnische Verwaltung gestellten Ostgebieten. Damit wurde die Erwartung einer baldigen Polonisierung der Gebiete verbunden, um so den Anspruch auf diese Gebiete unumkehrbar zu machen. Umsiedlungen, die die siegreichen Großmächte der Tschechoslowakei mit den Potsdamer Beschlüssen nicht erlaubt hatten, führte sie später aufgrund bilateraler Vereinbarungen durch. Anfang 1946 unterzeichneten die Tschechoslowakei und Ungarn einen Vertrag über den Bevölkerungsaustausch von Magyaren aus der Slowakei nach Ungarn und von Slowaken in die Tschechoslowakei. Es war dies nur einer aus einer Reihe von Verträgen, die in der unmittelbaren Nachkriegszeit Bevölkerungsverschiebungen einleiteten.

Doch all diesen Purifizierungsmaßnahmen zum Trotz, gab es in Europa nach dem Zweiten Weltkrieg nicht nur ethnisch gereinigte Nationalstaaten. Das Beispiel der deutschen Minderheiten, die aus Ostmitteleuropa endgültig zu entfernen Ziel der Alliierten war, steht für viele andere Minderheiten. 1950, nach dem Ende der Vertreibungs- und Aussiedlungsmaßnahmen, befanden sich nach Schätzungen in Polen und den in Potsdam unter polnische Verwaltung gestellten deutschen Ostgebieten immer

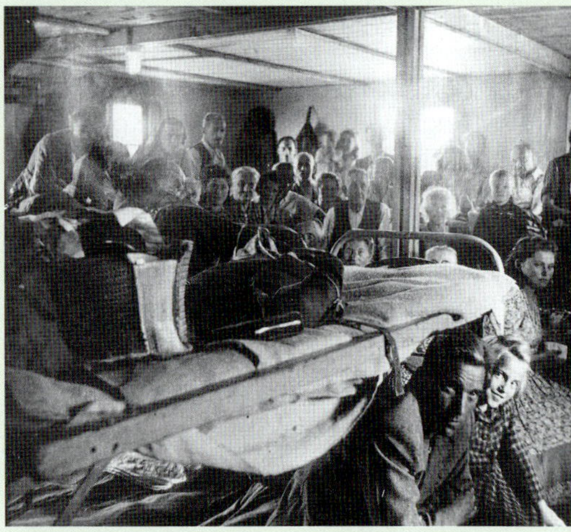

Drangvolle Enge bei der behelfsmäßigen Unterbringung in einem bayerischen Notaufnahmelager für Flüchtlinge, Vertriebene und Umsiedler, 1950 (Bundesbildstelle 1843)

noch über 1,5 Millionen Deutsche, in der Tschechoslowakei rund 125.000, in Ungarn etwa 200.000, in Jugoslawien etwa 60.000, in Rumänien knapp 400.000 und in der Sowjetunion über 1,8 Millionen Deutsche. Ihre Existenz wurde wie zum Beispiel in Polen bis in die 1970er Jahre, geleugnet, oder sie waren im Rahmen einer kommunistischen und sozialistischen Minderheitenpolitik einer gezielten Assimilation unterworfen. Der Druck auf die deutschen Minderheiten wurde durch die Ausreise einer großen Zahl (über vier Millionen bis zum Jahr 2005) von Angehörigen dieser Minderheiten in die Bundesrepublik verstärkt. Hier finden sie als Aussiedler und Spätaussiedler gemäß dem Bundesvertriebenengesetz bis in die Gegenwart Aufnahme.

Umsiedlungen und Vertreibungen beschleunigten die politische und gesellschaftliche Umgestaltung Ostmitteleuropas nach 1945. Sie waren mit eine Voraussetzung für die Durchsetzung der kommunistischen Regime. Zwangsmigrationen haben die kulturelle Landschaft Europas nachhaltig verändert – ein Verlust, der erst seit dem Fall des Eisernen Vorhangs wieder deutlich ins europäische Bewusstsein zurückkehrt.

5.2. Die Folgen für die Aufnahmegebiete: Flüchtlinge und Vertriebene in den beiden deutschen Staaten

Der französische Politikwissenschaftler und Deutschlandkenner Alfred Grosser hat die Integration der Vertriebenen und Flüchtlinge als die größte sozial- und wirtschaftspolitische Aufgabe bezeichnet, die von der Bundesrepublik gemeistert worden sei. Zieht man zum Vergleich das Ergebnis anderer Vertreibungsprozesse heran und betrachtet die Ausgangssituation, erweist sich die Wahl der Worte als nicht zu hoch gegriffen.

Bei der Volkszählung am 13. September 1950 betrug der Anteil der Vertriebenen und Flüchtlinge an der Gesamtbevölkerung der Bundesrepublik 16,5 Prozent. Das entspricht etwa acht Millionen Menschen. Zum gleichen Zeitpunkt der Volkszählung in der Bundesrepublik lebten auf dem Gebiet der DDR über vier Millionen „Umsiedler", so die dort verordnete Bezeichnung für die Vertriebenen. Mit fast 25 Prozent war der Anteil der Vertriebenen in der DDR deutlich höher als in der Bundesrepublik. Bedingt durch die verstärkte Flucht aus der DDR und die Bestimmungen des Bundesvertriebenengesetzes lag der Anteil der Flüchtlinge und Vertriebenen an der Gesamtbevölkerung der Bundesrepublik bei der Volkszählung von

Aufnahme und Registrierung der eben angekommenen Flüchtlinge im Lager Uelzen, 1950 (Niedersächsisches Hauptstaatsarchiv)

1961 bei 21,5 Prozent. Das heißt, jeder fünfte Bürger der Bundesrepublik war zu diesem Zeitpunkt Flüchtling oder Vertriebener. Etwa zwei Drittel stammte aus den Ostprovinzen des Reiches, das restliche Drittel aus einer Reihe von Staaten Ostmittel- und Südosteuropas. Die Verteilung der Vertriebenen und Flüchtlinge im Bundesgebiet war, anders als es die alliierte Planung vorgesehen hatte, uneinheitlich. Waren zum Beispiel in Schleswig-Holstein, das mit Niedersachsen und Bayern zu den Hauptaufnahmeländern zählte, im Schnitt von 100 Personen 33 Flüchtlinge oder Vertriebene, so zählten zur gleichen Zeit in Rheinland-Pfalz nur drei Menschen von hundert zur Gruppe der Flüchtlinge und Vertriebenen.

Neu, wie das Ausmaß der Bevölkerungsverschiebung, waren auch die Fragen, wie deren Folgen bewältigt werden konnten. Die Aufnahme einer solch großen Zahl von Menschen in so kurzer Zeit hätte schon ein intaktes Staatswesen vor kaum lösbare

Familie in einem Flüchtlingslager in Schleswig-Holstein, 1952 (Bundesbildstelle 331/13a)

Probleme gestellt. Um so schwieriger war die Aufnahme und Unterbringung der Millionen, in der Regel nur das eigene Leben besitzender und entwurzelter Vertriebener und Flüchtlinge in einem besiegten, besetzten, zerstörten, amputierten und viergeteilten Land, wie es Deutschland war.

Die Besatzungsmächte betrachteten die Aufnahme, Versorgung und Verwurzelung der Vertriebenen und Flüchtlinge als eine alleinige deutsche Aufgabe. Dessen ungeachtet übten sie einen beträchtlichen Einfluss auf die Entwicklung des Flüchtlingsproblems in Deutschland aus. Sollte die mit der Umsiedlung und Vertreibung verbundene Erwartung, Europa zu befrieden, erreicht werden, war die dauerhafte Aufnahme der Vertriebenen eine unabdingbare Voraussetzung. Andererseits musste im Aufnahmegebiet verhindert werden, dass sich die Flüchtlinge und Vertriebenen zu einer neuen Minderheit mit entweder betont links- oder rechtsradikalen Bestrebungen entwickelten. Als geeignetes Mittel, um dieses Ziel zu erreichen, wurde die Unumkehrbarkeit der Umsiedlungen und Vertreibungen sowie die schnelle und völlige Assimilation der Flüchtlinge und Vertriebenen angesehen. Das vollkommene Angleichen an die aufnehmende Bevölkerung sollte dazu führen, dass die ihrer Herkunft, Erfahrung und Tradition nach unterschiedlichen Vertriebenen in der alteingesessenen Bevölkerung aufgingen. „Die Eingliederung der Flüchtlinge und Vertriebenen soll ihr organisches Aufgehen in der einheimischen Bevölkerung gewährleisten," heißt es zum Beispiel in dem im Februar 1947 in Württemberg-Baden erlassenen Gesetz Nr. 303. Dieses Ziel wurde nicht nur in der amerikanischen Besatzungszone verfolgt.

Viele tausend deutsche Flüchtlingskinder aus dem Osten verbrachten noch in den 50er Jahren ihre Kinder- und Jugendzeit in Flüchtlingslagern. (dpa)

Spielende Kinder im Lager Betzenhausen bei Freiburg Anfang der 1950er Jahre (Johannes Künzig-Institut)

Im Zuge des sich abzeichnenden Kalten Krieges rückten die westlichen Alliierten vom Assimilationsgebot ab, die Sowjetunion dagegen beharrte darauf. In der Sowjetischen Besatzungszone wurden daher die Umsiedlerverwaltungen abgebaut und mit der Gründung der DDR aufgelöst sowie der Begriff „Umsiedler" verboten. Das Vertriebenenproblem galt als gelöst.

Eine andere Entwicklung nahm die Flüchtlings- und Vertriebenenfrage in der Bundesrepublik. Gestützt auf die wegweisenden Bestimmungen des Grundgesetzes erklärte die erste Bundesregierung die Beseitigung der Wohnungsnot, den Lastenausgleich und Kriegsopferversorgung zu ihren vordringlichsten sozialpolitischen Aufgaben. Damit wurde die Eingliederung der Flüchtlinge und Vertriebenen zu einer staatspolitischen Aufgabe ersten Ranges erhoben.

In einem ersten Schritt wurde eine Korrektur der durch die Nachkriegssituation bedingten Fehlverteilung der Flüchtlinge und Vertriebenen vorgenommen. In mehreren Umsiedlungsprogrammen in der Zeit von 1949 bis 1956 gaben die Hauptaufnahmeländer, in der Reihenfolge Schleswig-Holstein, Niedersachsen und Bayern, über eine Million Flüchtlinge und Vertriebene an

Länder mit einer geringeren Quote ab. Das waren vor allem Nordrhein-Westfalen, Baden-Württemberg und Rheinland-Pfalz. Die zweite wichtige Maßnahme waren die im Jahre 1952, nach zähem und langem Ringen verabschiedeten Lastenausgleichsgesetze. Der Grundgedanke, von dem man sich dabei leiten ließ, war, den Flüchtlingen und Vertriebenen eine Entschädigung, nicht einen Ausgleich, für das als Folge von Flucht und Vertreibung verlorene mobile und vor allem immobile Vermögen zu gewähren. Als dritte wichtige Maßnahme, die enge Verbindungen zum Lastenausgleichsgesetz aufweist, wurde eine intensive Förderung des Wohnungsbaus in Angriff genommen. Die Ankurbelung des Wohnungsbaus sorgte dafür, dass die akute Wohnungsnot gemildert und schließlich behoben wurde. Dazu trug neben finanziellen Anreizen in hohem Maße auch die Selbsthilfe der Vertriebenen beim Wohnungsbau bei. Eine besondere Bedeutung kam viertens der seit dem Korea-Krieg florierenden und expandierenden westdeutschen Wirtschaft zu. Sie verbesserte die Voraussetzungen für die Eingliederung der Vertriebenen und Flüchtlinge wesentlich, sowohl sozial und wirtschaftlich als auch politisch. Bereits Mitte der 1950er Jahre wurde Vollbeschäftigung erreicht. Die immer noch vorhandene Nachfrage nach Arbeitskräften konnte nur durch Anwerbung von „Gastarbeitern" gestillt werden.

Das 1953 verabschiedete „Gesetz über die Angelegenheiten der Vertriebenen und Flüchtlinge" nahm eine einheitliche Begriffsbestimmung der betroffenen Personengruppen vor und schuf auch die Grundlage für die Aufnahme der deutschen Aussiedler aus den ostmittel- und südosteuropäischen Staaten in der Bundesrepublik. Neben der wirtschaftlichen und sozialen Eingliederung legte das Gesetz als Aufgabe des Bundes und der Länder fest, „das Kulturgut der Vertreibungsgebiete in dem Bewusstsein der Vertriebenen und Flüchtlinge und des gesamten deutschen Volkes zu erhalten".

Die Aufnahme von mehreren Millionen Flüchtlingen und Vertriebenen stellte ein großes Experiment dar. Dass es wider Erwarten letztendlich erfolgreich verlaufen ist, hat mit den spezifischen Bedingungen der Nachkriegszeit in Deutschland zu tun. Die Flüchtlinge und Vertriebenen kamen in ein Land, dessen Gesellschaft selbst im Umbruch begriffen war und sich unter maßgeblicher Beteiligung der Besatzungsmächte anschickte, eine neue soziale, wirtschaftliche und politische Ordnung zu finden. Alles war noch in Bewegung, ein Schmelztiegel,

Das Flüchtlingslager im württembergischen Backnang, Maubacher Höhe, 1947 (Stadtarchiv Backnang)

Schulhof in einem Flüchtlingslager in den 1950er Jahren (Niedersächsisches Hauptstaatsarchiv)

Essensempfang im Lager Bohldamm/Uelzen, Ende der 1940er Jahre (Niedersächsisches Hauptstaatsarchiv)

in dem aus Alt- und Neubürgern eine neue Legierung entstand, wie das Beispiel des 1952 entstandenen Bundeslandes Baden-Württemberg zeigt. Bei der dazu abgehaltenen Volksabstimmung kam den von den Flüchtlingen und Vertriebenen zugunsten des Südwest-Staates abgegebenen Stimmen eine wichtige Rolle zu.

Insgesamt gesehen hat es wohl weniger eine Eingliederung der Vertriebenen und Flüchtlinge in die Bundesrepublik gegeben, sondern eher ist die Bundesrepublik selbst erst das Produkt dieses erfolgreichen Integrationsprozesses von Alt- und Neubürgern.

5.3. Die Folgen für die Betroffenen

Die unerwarteten und raschen Fortschritte bei der wirtschaftlichen und sozialen Eingliederung der Flüchtlinge und Vertriebenen in den 1950er und 1960er Jahren führten dazu, dass die Flüchtlingsfrage bald als gelöst angesehen wurde. Analog zum Wirtschaftswunder sprach man im Zusammenhang mit der so schnell nicht für möglich gehaltenen Bewältigung der Folgen von millionenfacher Flucht und Vertreibung schon bald von einem Wunder. Auch die lange Zeit befürchtete Radikalisierung der Vertriebenen und Flüchtlinge blieb aus. War der Block der Heimatvertriebenen und Entrechteten (BHE) noch im zweiten deutschen Bundestag vertreten, so scheiterte er 1957 an der Fünf-Prozent-Klausel. Als 1969 im Zuge der neuen Ostpolitik das Bundesministerium für Flüchtlinge, Vertriebene und Kriegsgeschädigte aufgelöst wurde, war das auch Ausdruck der Einschätzung, dass die Eingliederung der Flüchtlinge und Vertriebenen vollzogen sei. Bezogen auf den wirtschaftlichen, sozialen und politischen Bereich trifft das sicher mit geringen Ausnahmen auch zu.

Anders dagegen sieht es aus, wenn auch die menschliche Seite des Vorgangs betrachtet wird. Umsiedlung, Flucht und Vertreibung als kollektive Bestrafung, die unmenschlichen Bedingungen, unter denen sie stattgefunden haben, und die damit einhergehenden Hunderttausenden von Opfern haben tiefe Spuren bei den Überlebenden hinterlassen. Die in der „Dokumentation der Vertreibung der Deutschen aus Ost-Mitteleuropa“ publizierten Zeitzeugenberichte liefern eindrückliche Beispiele dafür.

Doch damit hatte das Leid der Flüchtlinge und Vertriebenen, bei denen auseinandergerissene Familien die Regel waren, noch kein Ende. In Übereinstimmung mit dem strikten Assimilationsgebot wurde von den alliierten Militärregierungen angeordnet, die Bewohner einer Gemeinde nicht geschlossen anzusiedeln, sondern im Ansiedlungsgebiet zu verteilen. So wohnten zum Beispiel die deutschen Bewohner eines ungarischen Dorfes 1947 in 158 verschiedenen Orten der Besatzungszonen. Ein Abschneiden von in Jahrhunderten gewachsenen Wurzeln war die Folge. Das um so mehr, als es Flüchtlingen und Vertriebenen gemäß dem verhängten Koalitionsverbot zunächst verboten war, eigene Organisationen und Parteien zu gründen. Den unter dem Dach der Katholischen und Evangelischen Kirche gebildeten Hilfsorganisationen der Flüchtlinge und Vertriebenen fiel in dieser Zeit die Aufgabe zu, Kontakte zu Verwandten und Gemeindemitgliedern

Flüchtling im nordbadischen Lager Wertheim mit selbstgebautem Herd, Ende der 1940er Jahre (Johannes Künzig-Institut)

Demonstration von Tausenden Heimatvertriebenen vor der Ruine des Neuen Schlosses in Stuttgart am 6. August 1950 (BdV-Baden-Württemberg)

herzustellen sowie die geistige und materielle Not zu lindern. Ein dichtes Netz von Lagern überzog die vier Besatzungszonen. Noch zehn Jahre nach Kriegsende existierten allein in der Bundesrepublik über 3.000 kriegsbedingte Lager. Den größten Anteil daran hatten die rund 1.900 Wohnlager, in denen fast eine viertel Million Menschen hauste. Annähernd die Hälfte waren „Altvertriebene", die seit 1947 und früher ein Lagerdasein fristeten.

Zur katastrophalen Wohnsituation kam die schlechte Arbeitsmarktlage hinzu. Viele der Flüchtlinge und Vertriebenen waren, wenn überhaupt, berufsfremd tätig. Von den kurzfristig negativen Folgen der Währungsreform waren sie überproportional betroffen und das in einem Klima der oft deutlichen Ablehnung, die sie von der alteingesessenen Bevölkerung erfuhren. Bei der Gründung der Bundesrepublik erklärten bei einer Befragung 90 Prozent der Vertriebenen, in die Heimat zurückkehren zu wollen, wenn es ihnen in der nächsten Zukunft gestattet werden würde.

Vor diesem Hintergrund ist der Zulauf zu sehen, welche Flüchtlings- und Vertriebenenorganisationen erlebten, als die Besatzungsmächte im Westen das Koalitionsverbot zunächst lockerten und schließlich 1949 aufhoben. Mit dem Zentralverband vertriebener Deutscher (ZvD), dem Bund der Vertriebenen und den Landsmannschaften sind die wichtigsten genannt. Die Bedingungen des Kalten Krieges schufen ihnen die Voraussetzungen, Umsiedlung, Flucht und Vertreibung der Deutschen am Ende des Zweiten Weltkrieges immer wieder auf die politische Tagesordnung zu bringen. Zugleich nährten sie mit der „Rückkehrforderung" bei den Vertriebenen eine angesichts der mit der Vertreibung von den Alliierten verbundenen Ziele irreale Hoffnungen.

Am 5. August 1950 verabschiedeten die Vertriebenenverbände die „Charta der deutschen Heimatvertriebenen". Darin werden zum einen sozialpolitische Forderungen formuliert: gleiches Recht als Staatsbürger, sinnvolle Verteilung der Lasten des Krieges und Arbeitsplätze für die Vertriebenen gemäß ihren Berufen. Die Forderungen verdeutlichen, dass man von einer gelungenen Eingliederung damals noch weit entfernt war. Um so höher sind vor diesem Hintergrund die außenpolitischen Passagen der Charta einzuschätzen. Darin verzichten die Vertriebenen, ohne die Voraussetzungen für Flucht und Vertreibung anzusprechen, nur fünf Jahre nach Ende des Zweiten Weltkrieges „auf Rache und Vergeltung" und setzen sich für „die Schaffung eines geeinten Europas" ein, „in dem die Völker ohne Furcht und Zwang leben können." Es sollten aber noch fast 40 Jahre vergehen, bis mit dem Fall des Eisernen Vorhangs, die Staaten Ostmittel- und Südosteuropas in diesen Prozess einbezogen werden konnten. Damit sind auch die Voraussetzungen für eine vorurteilsfreie Diskussion über die Vertreibung der Deutschen am Ende des Zweiten Weltkriegs und des ihr zugrunde liegenden Prinzips des ethnisch reinen Nationalstaats gegeben.

Verkündung der „Charta der deutschen Heimatvertriebenen" durch den „unbekannten Flüchtling" in Bad Cannstatt am 5. August 1950 (BdV-Baden-Württemberg)

Ausblick: Auf dem Weg zur Ächtung „ethnischer Säuberungen"?

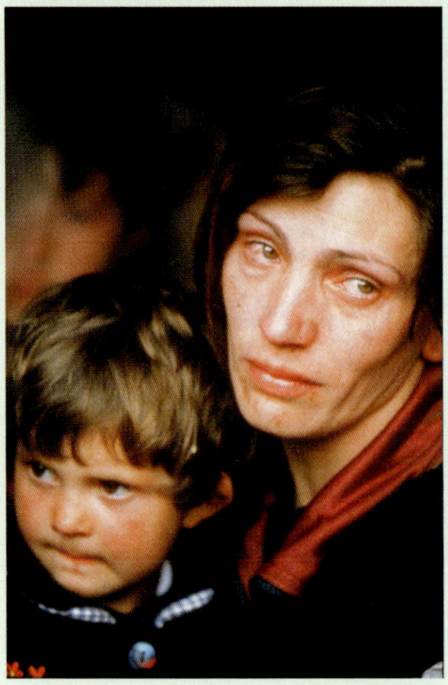

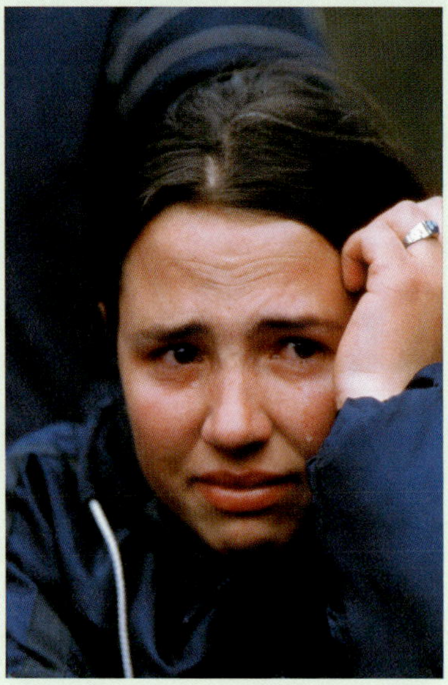

Kosovoalbanische Flüchtlinge, März 1999 (www.unhcr.de)

Während des Zweiten Weltkriegs und in der Zeit unmittelbar danach erfolgten die größten Vertreibungswellen in der neueren europäischen Geschichte. Schätzungen, und nur solche liegen vor, beziffern die Zahl der Menschen, die seit Mai 1945 aus ihrer Heimat umgesiedelt, geflohen oder vertrieben worden waren, auf mehr als 40 Millionen. Neben anderen Gruppen sind darin auch die 14 Millionen deutschen Flüchtlinge und Vertriebenen mit enthalten.

Die Bevölkerungsbewegungen riesigen Ausmaßes, welche den europäischen Kontinent zu einem Verschiebebahnhof von Völkern haben werden lassen, und das damit verbundene Elend ließen im Rahmen der Vereinten Nationen Pläne für eine UN-Flüchtlingsorganisation reifen. Auf Beschluss der UN-Vollversammlung wurde zum 1. Januar 1951 das Amt des Hohen Flüchtlingskommissars der Vereinten Nationen (United Nations High Commissioner for Refugees – UNHCR) geschaffen. Parallel zur Gründung von UNHCR wurden Verhandlungen über die Rechtsstellung der Flüchtlinge geführt. Am 28. Juli 1951 verabschiedete die Konferenz der Vereinten Nationen in Genf die Konvention über die Rechtsstellung der Flüchtlinge und Staatenlosen. Die im April 1954 in Kraft getretene Genfer Flüchtlingskonvention definiert in Artikel 1 den Begriff „Flüchtling" und spricht in Artikel 33 das Verbot der Ausweisung und Zurückweisung aus. Die Wirkung der Konvention wurde 1967 durch ein Protokoll auch auf die Zeit nach 1951 ausgedehnt.

Die Genfer Flüchtlingskonvention ist bis heute das wichtigste und einzige weltweit gültige Instrument des internationalen Flüchtlingsrechts. Bis Anfang des Jahres 2000 sind 131 Staaten dem Abkommen von 1951 und dem Protokoll von 1967 beigetreten. Mit dem UNHCR und der Genfer Flüchtlingskonvention wurden die formalen Grundlagen geschaffen, um Flüchtlingen zu helfen, und völkerrechtliche Maßstäbe für den Schutz von Flüchtlingen gesetzt. Nicht nur die dreijährige Amtszeit des UNHCR war zunächst begrenzt. Laut Satzung sollte das Amt des Hohen Flüchtlingskommissars „völlig unpolitisch, humanitär und sozial sein und sich in der Regel auf Gruppen und Kategorien von Flüchtlingen erstrecken", was seine Handlungs- und Hilfemöglichkeiten von vornherein begrenzte und bis heute einschränkt. Mit geringen Personal- und Sachmitteln ausgestattet, hatte das UNHCR lediglich den Auftrag, Lösungen für etwa 400.000 Flüchtlinge – die deutschen Flüchtlinge und Vertriebenen zählten nicht dazu – zu finden, die nach dem Zweiten Weltkrieg in Europa immer noch heimatlos waren. Doch dabei sollte es nicht bleiben.

Als ein der UNO nachgeordnetes Amt hat sich der Wirkungskreis des UNHCR am Ende des 20. Jahrhunderts weltweit ausgedehnt. Es hatte 1999 Vertretungen in 120 Ländern und betreute nicht weniger als 22 Millionen Flüchtlinge. So sehr es auch zu begrüßen ist, dass damit möglichst viele Flüchtlinge Hilfe erhalten, die Betroffenen in früheren Jahrzehnten nicht zuteil wurde, so sehr sind diese Flüchtlingszahlen zugleich ein unübersehbares Alarmsignal. Umsiedlung, Flucht und Vertreibung haben seit dem Ende des Zweiten Weltkriegs trotz aller Bemühungen der internationalen Staatengemeinschaft nicht ab-, sondern enorm zugenommen. UNHCR kommt an seine Grenzen. Seine 50jährige Hilfstätigkeit zeigt, dass humanitäre Hilfsorganisationen lediglich die Not und das Leid von Flüchtlingen und Vertriebenen lindern, nicht aber die Ursachen von Umsiedlung, Flucht und Vertrei-

Karikatur von Heinz Birg, Süddeutsche Zeitung vom 18.6.1993, Nr. 137

bung beheben können, auch nicht im schrittweise „ethnisch gesäuberten" Europa.

Noch immer sind es der Nationalstaat und das ihm zugrunde liegende Prinzip der einen, unteilbaren Nation, die das politische Handeln von Staaten und Regierungen bestimmen. Gegründet auf das nationale Selbstbestimmungsrecht vertreten sie die Ansicht, dass moderne Staaten der homogenen Nation als „natürliche" Grundlage bedürfen. Die Geschichte der Millionen Flüchtlinge und Vertriebenen und die bei Umsiedlungen und Vertreibungen verzeichneten Millionen von Toten sind die erschreckende Bilanz der homogenitätsbesessenen Nationalstaaten. Aber ein Staat, so Lord Acton schon Ende des 19. Jahrhunderts in seinen „Essays on Liberty", „der unfähig ist, unterschiedliche ethnische Gruppen zufrieden zu stellen, verurteilt sich selbst. Ein Staat, der darauf hin arbeitet, ethnische Gruppen zu neutralisieren, sie aufzusaugen oder sie auszuweisen, stellt seine eigene Berechtigung in Frage." Das Versprechen, den Bürgern eines Staates den inneren Frieden zu bringen und eine friedliche Koexistenz zwischen den Staaten zu gewährleisten, haben der Nationalismus und mit ihm der Nationalstaat nicht eingelöst. Im Gegenteil, der Nationalstaat hat in den unzähligen Konflikten, zwei Weltkriegen und mit ihnen einer stetig steigenden Zahl von „ethnischen Säuberungen" eine noch nicht abgerissene blutige Spur in der neueren europäischen Geschichte hinterlassen.

Weil der Nationalstaat offensichtlich nicht in der Lage ist, den Rahmen und die Bedingungen für das friedliche Zusammenleben von Menschen zu schaffen, sondern in Form des übersteigerten Nationalismus gerade die Grundlage liefert, mit der Umsiedlung, Flucht und Vertreibung gerechtfertigt werden, ist die Suche nach neuen Organisationsprinzipien unumgänglich. Supranationale und föderative Lösungen, wie sie in der Europäischen Union nach und nach verwirklicht werden, sind gefragt. Ihre Tragfähigkeit und Akzeptanz wird daran zu messen sein, wie sie die mit der Entstehung der moderneren Nationen und Nationalstaaten einhergehenden Errungenschaften des Verfassungs-, Rechts- und Sozialstaats mit dem friedlichen Zusammenleben von Mehrheiten und Minderheiten, von Menschen unterschiedlicher Sprache, verschiedenen Glaubens und anderer Kultur in Einklang bringen.

Der Historiker Hans Rothfels, ein 1935 aus Königsberg vertriebener Jude, der 1949 nach Deutschland zurückkehrte, hat 1946 einen Beitrag über Grenzen und Massenvertreibungen in Ostmitteleuropa verfasst. Darin unterzog er das Potsdamer Abkommen einer schonungslosen Kritik und entlarvte seinen Artikel XIII als eine Hauptstation der vielen Etappen eines europäischen Irrweges. „Das ‚gründliche Aufräumen', durch das nationale Minderheiten daran gehindert werden zu entstehen oder aber ausgeschaltet werden, türmt, indem es einige Probleme beseitigt, neue auf. Wie auch immer sich diese Politik auf ihre Objekte, also für diejenigen auswirkt, die Haus und Heimat verlieren – ein Segen ist das neuerliche, destruktive Vorgehen selbst für die Seite der Sieger nicht." Der Ausblick seiner Analyse reicht, damals unvorhersehbar, bis in die Gegenwart: „Warum sollte sich die Methode [der Zwangsumsiedlung] nicht auch auf den Balkan ausbreiten und dort zu unglaublichen Ergebnissen führen? Auf lange Sicht können Rückwirkungen in vielen Teilen der Welt entstehen, wenn die gewaltsame ‚Eliminierung von Minderheiten' auf der Grundlage von Macht zur akzeptierten politischen Doktrin wird."

Die weltweite Entwicklung nach dem Zweiten Weltkrieg, für die die palästinensischen, die indischen, die pakistanischen, die Indochinaflüchtlinge, und die namibischen wie mittelamerikanischen Flüchtlinge und Vertriebenen ebenso zählen, wie jene aus den GUS-Staaten, aus Osttimor, Ruanda, Somalia, Zaire und dem sudanesischen Darfur sowie die von Umsiedlung, Flucht, Vertreibung und Massenmord begleiteten Bürgerkriege in den 1990er Jahren auf dem Balkan haben die rhetorische Frage von 1946 auf grausame Art beantwortet.

Und dennoch offenbart gerade der Vergleich der Umsiedlung und Vertreibung der Deutschen am Ende des Zweiten Weltkriegs mit den „ethnischen Säuberungen" auf dem Balkan auch einen grundsätzlichen Unterschied. Damals haben die Siegermächte und mit ihnen eine ganze Reihe anderer europäischer Staaten Umsiedlung, Flucht und Vertreibung selbst gutgeheißen und auch aktiv betrieben, um dadurch, wie sie meinten, Minderheitenprobleme ein für alle Mal aus der Welt zu schaffen. Dagegen griff Ende der 1990er Jahre die internationale Staatengemeinschaft zum Mittel des Krieges, um „ethnischen Säuberungen" Einhalt zu gebieten und möglichst zu verhindern. Schlossen die Alliierten nach dem Zweiten Weltkrieg die Rückkehr der deutschen Flüchtlinge und Vertriebenen in ihre Herkunftsgebiete aus und betrieben mit diesem Ziel eine strikte Assimilationspolitik in den vier Besatzungszonen Deutschlands, so wurde in den Abkommen, die den jugoslawischen Bürgerkrieg beendeten, ausdrücklich verfügt, dass Flüchtlinge und Vertriebene in ihre Heimat zurückkehren können. Vielleicht sind das erste Anzeichen für eine praktische Ächtung und die Abkehr vom Prinzip der „ethnischen Säuberungen", das nicht nur der neueren europäischen Geschichte seinen Stempel aufgedrückt hat.

Das Thema im Unterricht

1. Didaktische Relevanz und Lernzielhorizont

Die Bilder von Flucht und Vertreibung aber auch von Gewalt und Tod vieler Menschen aus den Krisen- und Kriegsgebieten der Welt sind immer wiederkehrend präsent. Viele – insbesondere auch Schülerinnen und Schüler – fragen sich zurecht, wie es zur Vertreibung vieler Tausender Menschen, wie es zu Grausamkeiten an ehemaligen Nachbarn, Freunden oder gar Verwandten kommen kann. Bei Teilen der älteren Generation in Deutschland stellen sich Parallelen zwischen aktuellen Ereignissen und eigenen schicksalhaften Erlebnissen von Umsiedlung, Flucht und Vertreibung am Ende des Zweiten Weltkrieges ein. Der Schock über das Wiedererwachen eines überwunden geglaubten aggressiven Nationalismus im Osten Europas, über die Wiederkehr von Vertreibungen in unserer Gegenwart sitzt noch immer tief und zieht die Frage nach sich, wie solche Mittel und vermeintlichen Lösungen von Konflikten verhindert werden können.

In zahlreichen aktuellen Diskussionen wurde und wird das Phänomen Flucht und Vertreibung in der Bundesrepublik aber auch durch Ängste und Sorgen bestimmt; Ängste und Sorgen vor einer Überfremdung durch einer anderen Ethnie angehörige Menschen, die Partizipation an Demokratie und Wohlstand einfordern. Die Akzeptanz gegenüber Menschen aus fremden Kulturen ist niedriger geworden und schlägt häufig um in Intoleranz, Ablehnung oder gar in offene Gewalt. Manche der Diskussionen um Minderheiten und Fremde, um Aufnahme bzw. Ausgleich der Lasten scheinen allerdings die Herausforderungen der Nachkriegsjahre zu vergessen, als es galt ca. zwölf Millionen heimatlos gewordene Deutschen zu integrieren. Heutige Probleme sollten daher nicht in gegenwärtiger Isolierung gesehen und vermittelt werden, sondern im Kontext der (Zeit)Geschichte. Information und Aufklärung tut Not. Die historisch-politische Bildung kann dazu beitragen.

Die Behandlung des Themas „Flucht und Vertreibung der Deutschen als internationales Problem“ im Unterricht bietet ein großes didaktisches Potenzial, das es zu nützen gilt:

Auch wenn Umsiedlung, Flucht und Vertreibung derzeit vor allem als aktuelle Phänomene in unserem Bewusstsein verankert sind, so haben sie eine historische Dimension, die es Schülerinnen und Schülern zu verdeutlichen gilt. Die Verzahnung der politischen mit der historischen Dimension verhindert eine eindimensionale Betrachtung und bietet zahlreiche Lernchancen. Ausgehend von den aktuellen Geschehnissen können Schüler motiviert werden, sich mit Flucht und Vertreibung im Allgemeinen und mit der Situation der heimatvertriebenen Deutschen zu Ende des Zweiten Weltkrieges im Besonderen zu befassen. Dabei lernen sie aktuelle Entwicklungen in einen historischen Gesamtzusammenhang einzuordnen. Sie lernen Bezüge, Brüche oder Kontinuitäten – hier Grundmuster von Flucht und Vertreibung – zu erkennen und zu bewerten.

In der Auseinandersetzung mit der jüngsten europäischen Geschichte kann im Unterricht die Einsicht vermittelt werden, dass Umsiedlungen und Vertreibungen von Bevölkerungsgruppen als Lösung von innerstaatlichen und internationalen Konflikten ein Irrweg sind. Im Rückgriff auf die ideengeschichtlichen Voraussetzungen des 18. und 19. Jahrhunderts für die Herausbildung des Nationalstaates und des Nationenbegriffs können die Schülerinnen und Schüler deren Tragweite und die aus ihrer Instrumentalisierung folgende Problematik für die weitere historische Entwicklung in Europa ermessen. Anhand der hier ausgewählten Beispiele aus der europäischen Geschichte des 19. und 20. Jahrhunderts wird den Schülern deutlich, welche Folgen die Idee vom „gereinigten“, ethnisch homogenen Nationalstaat und – damit vielfach einhergehend – das Konzept der „ethnischen Säuberungen“ in der historisch-politischen Praxis hatte. Werden Umsiedlung und Vertreibung von nationalen Minderheiten als ungeeignete Mittel zur Konfliktlösung entlarvt, so kann es gelingen, junge

Menschen für vergleichbare gegenwärtige und zukünftige Konflikte zu sensibilisieren und sie zu einer kritischen Stellungnahme zu befähigen. Sie sollen davor bewahrt werden, selbst für derartige vermeintliche Konfliktlösungen instrumentalisiert zu werden.

Die Beschäftigung mit den Ursachen, Zusammenhängen und Folgen von Umsiedlung, Flucht und Vertreibung soll außerdem dazu führen, diese Zwangshandlungen bzw. -maßnahmen immer auch als eine Folge von persönlichen Entscheidungen zu erkennen, um die individuelle Schuld und Verantwortung solchen Handelns zu verdeutlichen. In dieser Erkenntnis liegt ein erster Schritt zur Überwindung nationalistischen Denkens. Dies ist wiederum die Voraussetzung für Völkerverständigung und Toleranz und lenkt gleichzeitig den Blick auf ein gesamteuropäisches Bewusstsein. Gerade mit Blick auf die Osterweiterung der Europäischen Union ist es unabdingbar, dass Schülerinnen und Schüler auf einer gesicherten Informationsgrundlage zu einer vorurteilsfreien Auseinandersetzung mit einem besonders dramatischen Kapitel deutscher und mittel- bzw. osteuropäischer Geschichte gelangen. Nur die Kenntnis um die gemeinsame Geschichte kann die jungen Menschen dazu bewegen, sich für ein geeintes, die Menschenrechte respektierendes (Gesamt)Europa einzusetzen und für die Überwindung von Nationalismen einzutreten.

2. Didaktisch-methodische Überlegungen

In der unterrichtlichen Praxis sowie in den einschlägigen Schulbüchern findet der Themenkomplex „Flucht und Vertreibung" – auch aufgrund zeitlicher Restriktionen – wenig Berücksichtigung. Die Absicht dieses Heftes ist es u. a., diese Lücke schließen zu helfen und zu einer vertieften Auseinandersetzung mit dem Thema beizutragen.

Das vorliegende umfangreiche Informations- und Materialangebot, das neben der politischen Geschichte auch Erfahrungen aus dem unmittelbaren Alltagsbereich Betroffener umfasst, lässt eine Fülle verschiedener historischer Zugriffe zum Thema „Flucht und Vertreibung" zu. Bei entsprechender zeitlicher Disposition könnte eine thematische Längsschnittanalyse das historische Phänomen Flucht und Vertreibung im 19. und/oder 20. Jahrhundert anhand ausgewählter Beispiele der europäischen Geschichte analysieren und bewerten. Thematische Längsschnitte sind besonders geeignet, um Schülerinnen und Schülern unter einer bestimmten Leitfrage historische Zusammenhänge und Entwicklungen zu vermitteln. Eine solche Herangehensweise setzt allerdings eine sehr ausführliche und zeitintensive, wenngleich lohnende, Behandlung der Materialien beispielsweise in einem Projekt, einer Facharbeit oder einer fächerübergreifenden Seminararbeit voraus.

Bei einem geringeren Zeitbudget können aber auch einzelne ausgewählte Beispiele im Sinne einer exemplarischen Behandlung herausgegriffen und als Fallstudien in einen übergeordneten Zusammenhang eingebettet werden. Die bereitgestellten Materialien eignen sich darüber hinaus für lokal- und regionalgeschichtliche Vertiefungen wie insbesondere auch für alltags- und familiengeschichtliche Ansätze der Geschichtsbetrachtung. Diese Vorgehensweise ist besonders geeignet, um Möglichkeiten und Grenzen individuellen Handelns zu erörtern und zu diskutieren. Die Materialien bieten außerdem zahlreiche Anregungen, emotionale Zugänge zu legen, die die Bereitschaft der Schüler zu einer intensiven Auseinandersetzung mit dem Gegenstand fördern.

Für eine Schwerpunktsetzung eignet sich das Thema „Flucht und Vertreibung der Deutschen während und nach dem Zweiten Weltkrieg". Hierfür werden eine Vielzahl an anschaulichen Karten, Bildern und sonstigen Quellen geliefert, die eine intensive Beschäftigung mit dem Lehrplanthema ermöglichen, darüber hinaus aber auch zahlreiche Anregungen für eine weitergehende Beschäftigung bieten.

Mit dem vorliegenden Heft können somit zentrale Fragen zum Thema „Umsiedlung, Flucht und Vertreibung" aufgegriffen und behandelt werden. Es bietet die Grundlage, Zusammenhänge und Entwicklungen in einem bedeutenden Bereich der europäischen Geschichte zu erkennen und zu vermitteln.

3. Flucht und Vertreibung der Deutschen – eine Unterrichtsskizze

Die folgende Skizze ist der Versuch, schulformübergreifend einige Hilfestellungen zur Bearbeitung des Themas zu geben. Der Unterricht könnte sich an den folgenden fünf Schritten orientieren, von denen der erste und vierte sicherlich in allen Schulformen sinnvoll erscheinen:

Die Siedlungsverhältnisse vor dem Ersten Weltkrieg

Um die Siedlungsverhältnisse vor und nach dem Ersten Weltkrieg zu analysieren, könnten die zahlreichen Karten herangezogen und befragt werden. Die Karte über „Die Verteilung der Sprachen in Mittel-, Ost- und Südosteuropa 1910“ (M 4) kann genutzt werden, um zu klären, wo sich geschlossene und wo sich eher zerstreute Sprachgebiete der Deutschen und der anderen Völker zwischen der Ostsee und dem Schwarzen Meer befinden. Ein Vergleich der Karten mit den staatlichen Gebietsverhältnissen 1914 und seit 1919 führt zu der Problematik von Staatsgrenzen und Nationalstaat. Welche Staaten entstanden durch die 1919 vorgenommenen Grenzziehungen neu? Wer waren die neuen Staatsvölker und welche Minderheiten lebten auf ihren Territorien? Wo waren deutsche Minderheiten entstanden, die sich in den Vorgängerstaaten nie als solche gesehen hatten?

In der Kursstufe des Gymnasiums könnte darüber hinaus das Dilemma herausgearbeitet werden, zu dem die neue Orientierung am Prinzip des Nationalstaats in den historisch gewachsenen Siedlungsräumen führen musste. Die Schüler könnten dieser Frage schon im Zusammenhang mit der Behandlung der deutschen Nationalversammlung 1848 begegnet sein oder bei der Diskussion aktueller Konflikte auf dem Balkan. Ziel sollte es in jedem Fall sein zu verdeutlichen, warum das „doppelte Versprechen“ - Partizipation und Integration - des Nationalstaats (vgl. Kapitel 1) in Europa in Widersprüchlichkeiten und verhängnisvollen politischen Lösungen endete.

An dieser Stelle bietet sich ebenso ein Exkurs zum Nationenbegriff an. Unter der Fragestellung „Was ist eine Nation bzw. was ist Nationalismus?“ kann auf die unterschiedlichen Konzeptionen von Nation eingegangen und die Unterscheidung zwischen der in der amerikanischen und französischen Tradition stehenden Staatsbürgernation (M 1) und der deutschen Vorstellung von der Volks- bzw. Kulturnation herausgearbeitet werden. Mit der historischen Analyse nationaler Denk- und Verhaltensmuster kann der Blick für die Vielfalt und Widersprüchlichkeit des Nationalismus geschärft werden.

Das Problem der Minderheiten in den neuen Staaten

Die heutigen Schüler können sich kaum vorstellen, wie kontrovers aber auch feindselig in den Nachfolgestaaten der nach 1918 zerfallenen Monarchien die Diskussionen über den Status der Minderheiten verliefen. Die Materialien liefern dazu zahlreiche Beispiele. Zwei sollen hier exemplarisch beleuchtet werden. M 5 nennt Garantien, die beim Wechsel der Staatlichkeit dem betroffenen Einwohner gewährt werden. Sie gehören zu den Grundrechten der Freizügigkeit, des Rechts auf Eigentum und der Sicherheit vor Strafverfolgung aus politischen Gründen. Dagegen zeigt M 16 am Beispiel des tschechoslowakischen Staates, welche unterschiedlichen Erwartungen beim Staatsvolk und bei Minderheiten zu Spannungen führen.

In einem Exkurs – beispielsweise in Form eines Referates - könnte das tschechoslowakische Beispiel Gegenstand einer vertieften historischen Betrachtung sein, um den schwierigen Umgang zwischen Deutschen und Tschechen zu erhellen. Das Heft bietet dazu zahlreiche weitere Materialien.

Die alliierten Beschlüsse zum „Bevölkerungstransfer“

Die Quellen M 31 bis M 35 bieten Belege zu den Umsiedlungsmaßnahmen der deutschen Regierung unter dem Schlagwort „Heim ins Reich“. M 36 und M 37 weisen auf ähnliche Prozesse in der Sowjetunion hin. Auch wenn sicherlich nicht alle Quellen im Unterricht thematisiert werden können, so verdeutlichen sie doch, mit welcher Selbstverständlichkeit die Idee des „Bevölkerungstransfers“ als probates Mittel zur inneren Stabilisierung von Staaten das politische Denken beherrscht. Von besonderem Interesse für unser Thema sind die Äußerungen britischer und exiltschechischer Politiker (M 45, M 46, M 53, M 54, M 57). Eine Untersuchung der Wortwahl könnte die sich abzeichnende Steigerung der Vorgänge zwischen „Bevölkerungsaustausch“, „Umsiedlungen“, „Transfer“ und „liquidieren“ aufzeigen. Ein Schwerpunkt der unterrichtlichen Behandlung müssten ebenso die Dokumentenauszüge M 59 und M 62 sein.

Die Umstände bei Flucht und Vertreibung

Die Dokumentation unterscheidet hinsichtlich der Flucht und Vertreibung vier Phasen: Die Flucht, die sogenannten „wilden“ Vertreibungen vor den eigentlichen Potsdamer Beschlüssen, die sich daran anschließenden „legalisierten“ Vertreibungen nach dem Potsdamer Abkommen aus den deutschen Ostgebieten, der Tschechoslowakei und Ungarn sowie die Behandlung der deutschen Einwohner Rumäniens und Jugoslawiens. Die vorliegenden Berichte und Bilder sind Zeugnisse aus den gesamten Ausweisungsgebieten. Sie illustrieren eindrucksvoll, unter welchen menschenunwürdigen Bedingungen und Umständen sich die Vertreibungen vollzogen. Daher wird man auf sie im Unterricht besonders zurückgreifen, um mithilfe von Bildbeschreibungen die Situation der Flüchtlinge zu veranschaulichen. Diese Vorgehensweise erlaubt es, den Schülern insbesondere emotionale Zugänge zum Thema zu eröffnen. Die Ergebnisse der Bildbeschreibungen können dann in Kontrast zu der im Potsdamer Abkommen formulierten Forderung, wonach die Vertreibungen in „ordnungsgemäßer und humaner Weise" verlaufen sollten, gestellt werden. Die praktische Ausführung dessen, was die Alliierten als technisch machbar ansahen, lässt sich anhand der Abbildungen ermessen.

Maßnahmen und Wege zur Eingliederung der Heimatvertriebenen
Die historischen Rahmendaten der Unterrichtseinheiten zum Thema Flucht und Vertreibung sind zumeist die Jahre 1945 bis 1949. Über die ersten Notlösungen zur Aufnahme der Flüchtlinge (M 73 und Abbildungen aus den Flüchtlingslagern) kamen diese Jahre noch wenig hinaus. Erst mit der Währungsreform und der Gründung der beiden deutschen Staaten veränderte sich die Lage. Die eigenen Anstrengungen der Vertriebenen sowie die gesetzlichen Maßnahmen vor allem in der Bundesrepublik nahmen nun schärfere Konturen an. Daher weisen die Materialien bewusst über die historischen Eckdaten 1945 und 1949 hinaus und bieten die Möglichkeit, die Integration der ca. zwölf Millionen heimatvertriebenen Deutschen in der Bundesrepublik und der DDR weiterzuverfolgen (siehe auch die Karten zum Anteil der Flüchtlinge und Vertriebenen an der Gesamtbevölkerung sowie ihrer Herkunftsgebiete). Es empfiehlt sich, eine genaue Betrachtung der Charta der Heimatvertriebenen aus dem Jahre 1950 (M 77) vorzunehmen. Insbesondere der Verzicht auf Vergeltung kann als Grundlage für die bewusste Integration in die junge Bundesrepublik und die Gestaltung einer gemeinsamen europäischen Zukunft interpretiert werden. In der Fokussierung auf das weitere Schicksal der Heimatvertriebenen in den Fünfziger- und Sechzigerjahren kann verdeutlicht werden, dass sich die Erfahrung von Entwurzelung und die Bereitschaft zu einem Neuanfang bei der Gestaltung der Nachkriegswelt verbinden und eine neue, veränderte deutsche Gesellschaft schaffen.

4. Weiterführende Anregungen

Die vorliegende Materialsammlung kann darüber hinaus Ausgangspunkt und Anregung für weiterführende Arbeiten zu diesem Themenkomplex sein. Auf zwei Bereiche sei hier besonders verwiesen.

Das Thema „Flucht und Vertreibung" im fächerverbindenden Unterricht
Emigration und Immigration, Binnenmigration, Flucht und die Suche nach Asyl sind Phänomene, die zu unterschiedlichen Zeiten weltweit zu beobachten sind. Bei der Beschäftigung mit den Formen der Migration in verschiedenen Ländern und in unterschiedlichen historischen Zusammenhängen lernen Schülerinnen und Schüler deren Ursachen, Motive und Bewältigung kennen. Wie ein fächerverbindender Unterricht zwischen den verschiedenen Fächern in der Praxis umgesetzt wird, kann hier aufgrund der Fülle der Möglichkeiten (z.B. Kombination des historischen Aspektes mit landeskundlichen oder literarischen Themen des Fremdsprachen- oder Deutschunterrichts, Verbindung zwischen sozialwissenschaftlichen Fächern etc.) nicht im einzelnen erläutert werden. Stattdessen sollen einige Fragen angerissen werden, die unter dem fächerverbindenden Thema „Migration" in Bezug auf Flucht und Vertreibung von Bedeutung sind.

Sicherlich müssten im Verlaufe der Behandlung folgende Fragen formuliert werden: Was ist Migration und welche Formen der Migration gibt es? Welche Gründe veranlassen die Menschen zum Verlassen ihrer Heimat? Von welcher Dauer sind die Wanderungsbewegungen? Wie werden die Menschen in ihrer neuen Heimat aufgenommen? Wie vollzieht sich die Integration in den Aufnahmeländern? Welche Probleme kann es dabei geben? Welche Lösungsmöglichkeiten gibt es?

Anhand unterschiedlicher Beispiele können bei der Analyse der Gründe (politische, ökonomische, soziale, ökologische) für Migration Gemeinsamkeiten und Unterschiede einzelner Migrationsbewegungen herausgearbeitet werden. Dies führt zu der Erkenntnis, dass unter dem Begriff „Migration" unterschiedliche Phänomene (Emigration, Immigration, Flucht, Asyl) subsummiert werden. Im Vergleich dieser unterschiedlichen Phänomene werden Zwangsumsiedlungen und Vertreibungen von Bevölkerungsgruppen aus ihrer angestammten Heimat als politische, elementare Menschenrechte missachtende Mittel zur

Durchsetzung nationaler Dominanz erkennbar.

Das Thema „Migration“ kann ebenso Gegenstand eines Projektes im Rahmen des Geschichtsunterrichtes der Sekundarstufe 1 sein. Die Schülerinnen und Schüler bekommen die Aufgabe, die Lebenswege ihrer eigenen Vorfahren zu recherchieren und eine eigene Familiengeschichte zu schreiben. Aufgrund der Zusammensetzung der Klassen sind interessante und sehr unterschiedliche Familienbiografien zu erwarten. Auf diese Weise können die Schüler erkennen, dass Wanderungsbewegungen nicht der Ausnahmefall, sondern in der Geschichte häufig der Normalfall waren und ihre individuellen Familiengeschichten eng mit historisch-politischen Prozessen verbunden waren und sind. Im Vergleich der unterschiedlichen Geschichten kann dann ähnlich wie im oben genannten Fall den verschiedenen Fragen zur Migration nachgegangen werden.

Die Befragung von Zeitzeugen – Oral history
Die vorliegende Materialsammlung beinhaltet zahlreiche Zeitzeugen- und Erlebnisberichte, die neben der Erkenntnis von historischen Zusammenhängen auch Einblicke in persönliche Befindlichkeiten vermitteln; gewissermaßen in die Geschichte, wie sie der Einzelne „am eigenen Leib“ erfahren hat und über die er zumeist rückschauend aus seiner persönlichen Perspektive berichtet. Die Befragung von Zeitzeugen, diese „oral history“, könnte auch von Schülerinnen und Schülern beispielsweise im Rahmen eines Projektes in der Haupt- oder Realschule vorgenommen werden. Man sollte allerdings der Lerngruppe verdeutlichen, dass man sich bei der Befragung von Zeitgenossen immer im Klaren sein muss, dass Erinnerungen subjektiv und deshalb nicht unbedingt zuverlässig sind. Oft wird Unangenehmes verdrängt, Positives überzeichnet oder gar verklärt; neue Erfahrungen und veränderte Einstellungen können das Erlebte in ein neues Licht rücken, später erworbenes Wissen kann mit Selbsterlebtem vermischt werden. Gleichwohl sind Einsichten zu gewinnen, die aus schriftlichen Quellen seltener zu erhalten sind. So lassen sich sehr viel mehr Einblicke in die Alltags- und Mentalitätsgeschichte bekommen.

Es bleibt der Lehrkraft bzw. den Schülern überlassen, in welcher Form – offen (Gespräch ohne Fragebogen) oder gelenkt (Interview mit Fragebogen) – sie die Befragungen von Zeitzeugen durchführen. Im Hinblick auf eine erleichterte Auswertung empfehlen sich gelenkte oder „halb-offene“ Interviewtechniken. Einige Vorschläge seien hier unterbreitet.

Frage in deiner Familie nach den Geburtsorten der Großeltern oder anderer Verwandter, die vor 1945 geboren sind. Stelle mit Hilfe des Atlas fest, wo die Orte liegen.

- Wo hielten sich Mitglieder deiner Familie am Kriegsende und in den Jahren 1945 bis 1949 auf?
- Lass dir eine persönliche Lebensgeschichte erzählen und notiere sie oder zeichne sie mit Hilfe eines Kassettenrekorders auf. Hole vorher die Zustimmung des Zeitzeugen ein.
- Verfolge in Lokalzeitungen die Ehrungen von Jubilaren zu hohen Geburtstagen oder der Goldenen Hochzeit und die Berichte darüber. Stößt du auf Angaben zu den Jahren der Flucht und Vertreibung? Wie äußern sich die Zeitzeugen dazu?
- Gab es in deinem Wohnort besondere Siedlungen oder Unterkünfte für Vertriebene?
- Finde heraus, ob deine Familie, Nachbarn oder Verwandte damals in ihr Haus und ihre Wohnung Flüchtlinge eingewiesen bekamen? Wie regelte man das? Wie waren die Reaktionen auf beiden Seiten?
- Suche nach schriftlichen Quellen [Archive] und vor allem nach Fotos aus jener Zeit.
- Archivrecherche. Internetrecherche / digitale Archive / online-Angebote.

Am Ende einer solchen Zeitzeugenbefragung sollte in jedem Fall die gemeinsame Auswertung und die Diskussion über die Ergebnisse stehen.

Quellen und Materialien

Kapitel 1: Nationalismus, Nation, Nationalstaat

M 1 Ausführungen des französischen Sprach- und Religionswissenschaftlers Ernest Renan (1823–1892) über die „moderne Nation“

Eine Nation ist eine Seele, ein geistiges Prinzip. Zwei Dinge, die in Wahrheit eines sind, bilden diese Seele, dies geistige Prinzip. Das eine liegt in der Vergangenheit, das andere in der Gegenwart. Das eine ist der gemeinsame Besitz eines reichen Vermächtnisses an Erinnerungen; das andere ist die gegenwärtige Übereinstimmung Einvernehmen, der Wunsch, zusammen zu leben, der Wille fortzufahren, jenes das Erbe nutzbar zu machen, das man ungeteilt empfangen hat. [...]
Eine Nation ist mithin eine große Solidarität, beruhend auf dem Gefühl der Opfer, die man gebracht hat, und derer, die man noch zu bringen gewillt ist. Sie setzt eine Vergangenheit voraus; sie bestätigt sich dennoch in der Gegenwart durch eine fühlbare Tatsache: durch die Übereinstimmung, den klar ausgedrückten Wunsch, das gemeinsame Leben fortzuführen. Die Existenz einer Nation ist [...] ein Alltagsplebiszit, wie die Existenz des Individuums eine fortwährende Bejahung des Lebens ist.
Die moderne Nation ist ein historisches Ergebnis, das herbeigeführt wird durch eine Reihe von Tatsachen, die im gleichen Punkt zusammenlaufen. Bald wird die Einheit durch eine Dynastie verwirklicht, wie es in Frankreich der Fall war; bald durch den direkten Willen der Provinzen, wie es der Fall war in Holland, der Schweiz und Belgien; bald durch einen Gemeingeist, der allmählich den Eigensinn des Feudalsystems besiegt, wie es in Italien und Deutschland der Fall war.

Renan, Ernest: Qu'est-ce qu'une nation? Paris 1882. In: Vogt, Hannah: Nationalismus gestern und heute. Texte und Dokumente. Opladen 1967, S. 138, 141f.

M 2 Programm des provisorischen Komitees des „Slawenkongresses“ in Prag 1848

1.: Stellung zur österreichischen Monarchie:
Die Rettung liegt allein in einem innigen Anschluß der Völker untereinander. Die Völker müssen erkennen, daß ihre staatliche Existenz wie ihre konstitutionelle Freiheit nur dann gewahrt sei, wenn sie sich zu einem österreichischen Bundesstaat vereinigen. Wir schlagen daher den slawischen Völkern der Monarchie vor, in einen Volksbund zu treten, unter sich ein Schutz- und Trutzbündnis abzuschließen, und die österreichische Monarchie als Bundesstaat wieder aufzubauen.
2.: Verständigung mit den nicht slawischen Völkern der Monarchie, indem eine große Anzahl von Vertretern zur Besprechung über gemeinschaftliche Völkerinteressen zusammentrat. Dieser Punkt berührte hauptsächlich die Südslawen, für deren Idiome Gleichberechtigung mit der magyarischen Sprache gefordert wurde.
4.: Nie und nimmer werden wir die Souveränität Deutschland über uns dulden, nie den Frankfurter Beschlüssen eine bindende Kraft für uns zuerkennen.

Münch, Hermann: Böhmische Tragödie. Das Schicksal Mitteleuropas im Lichte der Tschechischen Frage. Braunschweig 1949, S. 192f.

M 3 Ausführungen des tschechischen Philosophen Augustin Smetana (1814–1851) über Deutsche und Tschechen in Böhmen, 1848

Unser Böhmen ist der Knotenpunkt zwischen deutschen und slawischen Völkern, der Vertreter der Slawen Deutschland gegenüber. [...] Dies ist die Stellung unseres Landes, die Ihr Böhmen slawischen und deutschen Stammes nicht verkennen, auf die Ihr stolz sein sollt [...]. Weh' euch Böhmen deutschen Stammes, die Ihr die volle Berechtigung eurer Brüder slawischen Stammes zur vollen Gleichheit mit euch in allem und jedem, ihre Bitten mit Mähren und Schlesien vereinigt zu werden, um die aufstrebende Nationalität zu kräftigen, für Übergriffe anseht. Ihr traget nicht das Wohl des Vaterlandes in eurem Herzen. Weh' euch Lieblosen allen! Ihr seid noch nicht frei geworden! Freigewordene Völker können einander nicht hassen.

Smetana, Augustin: Die Sendung unserer tschechischen Heimat vom allgemeinen Standpunkte. Prag 1848. Zitiert nach Rádl, Emanuel: Der Kampf zwischen Tschechen und Deutschen. Ins Deutsche übertragen von Richard Brandeis. Reichenberg 1928, S. 167.

M 4 Die Verteilung der Sprachen in Mittel-, Ost- und Südosteuropa 1910

M 5 Bestimmungen zur Option des Wohnrechts im Friedensvertrag zwischen Frankreich und Deutschland vom 10. Mai 1871

Artikel II.
Die aus den abgetretenen Gebieten stammenden, gegenwärtig in diesem Gebiet wohnenden französischen Untertanen, die die französische Staatsangehörigkeit zu behalten wünschen, genießen bis zum 1. Oktober 1872, und zwar auf Grund einer zuvor bei der zuständigen Behörde abzugebenden Erklärung, die Freiheit, ihren Wohnsitz nach Frankreich zu verlegen und sich dort dauernd niederzulassen, ohne daß dieses Recht durch die Gesetze über die Militärdienstpflicht beeinträchtigt werden darf, für welchen Fall ihnen die Eigenschaft als französische Bürger gewahrt bleibt. Sie dürfen ihre in dem an Deutschland fallenden Gebiet gelegenen Grundstücke behalten.
Kein Bewohner der abgetretenen Gebiete darf wegen im Kriege von ihm begangener politischer oder militärischer Handlungen verfolgt, beunruhigt, noch in seiner Person oder mit seinem Besitz zur Rechenschaft gezogen werden.

Schwertfeger, Bernhard (Hrsg.): Die Bismarck-Epoche 1871–1890, Kommentar, 1. Band. (= Die Diplomatischen Akten des Auswärtigen Amtes 1871–1914). Zweite Auflage. Berlin 1924, S. 201.

M 6 Mährisches Landesgesetz („Mährischer Ausgleich") vom 27. November 1905 zur Regelung des Gebrauchs der deutschen und tschechischen Landessprachen bei den autonomen Behörden

§ 1
Der Gemeindevertretung bleibt es vorbehalten, ihre Amts- oder Geschäftssprache für alle Angelegenheiten des selbständigen und übertragenen Wirkungskreises zu bestimmen...

§ 3
[...] In Städten, welche ein eigenes Statut haben, sind die Gemeindeorgane verpflichtet, die an dieselben als politische Behörden erster Instanz in Angelegenheiten der Parteien eingelangenden schriftlichen und mündlichen Eingaben in jener Landessprache zu erledigen, in welche dieselben eingelangt sind. In anderen Gemeinden und auch in Gemeinden mit eigenem Statute in Betreff des selbständigen sowie übertragenen Wirkungskreises tritt diese Verpflichtung nur dann ein, wenn wenigstens ein Fünftel der Einwohnerzahl jene Landessprache gebraucht, welche nicht die Amts- oder Geschäftssprache dieser Gemeinde ist. Ausgenommen sind jene Anstalten und Gemeindeangelegenheiten, welche ausschließlich nur eine Nationalität betreffen.

Zitiert nach Glassl, Horst: Nationale Autonomie im Vielvölkerstaat. Der Mährische Ausgleich. München 1977, S. 82.

M 7 Erinnerungen des Literaturnobelpreisträgers Elias Canetti (1905–1994) an die ethnische Vielfalt einer südosteuropäischen Region im heutigen Bulgarien

Rustschuk, an der unteren Donau, wo ich zur Welt kam, war eine wunderbare Stadt für ein Kind, und wenn ich sage, daß sie in Bulgarien liegt, gebe ich eine unzulängliche Vorstellung von ihr, denn es lebten dort Menschen der verschiedensten Herkunft, an einem Tag konnte man sieben oder acht Sprachen hören. Außer den Bulgaren, die oft vom Lande kamen, gab es noch viele Türken, die ein eigenes Viertel bewohnten, und an dieses angrenzend, lag das Viertel der Spagnolen. Es gab Griechen, Albanesen, Armenier, Zigeuner. Vom gegenüber liegenden Ufer der Donau kamen Rumänen. Eine Amme, an die ich mich aber nicht erinnere, war eine Rumänin. Es gab, vereinzelt, auch Russen. Als Kind hatte ich keinen Überblick über diese Vielfalt, aber ich bekam unaufhörlich ihre Wirkung zu spüren. Manche Figuren sind mir bloß in Erinnerung geblieben, weil sie einer besonderen Stammesgruppe angehörten und sich durch ihre Tracht von anderen unterschieden. Unter den Dienern, die wir im Laufe jener sechs Jahre im Hause hatten, gab es einmal einen Tscherkessen und später einen Armenier. Die beste Freundin meiner Mutter war Olga, eine Russin [...]
Die übrige Welt hieß dort Europa, und wenn jemand die Donau hinaus nach Wien fuhr, sagte man, er fährt nach Europa. Europa begann dort, wo das türkische Reich einmal geendet hatte. [...]
Meine Eltern untereinander sprachen deutsch, wovon ich nichts verstehen durfte. Zu den Kindern und allen Verwandten und Freunden sprachen sie spanisch. Das war die eigentliche Umgangssprache, allerdings ein altertümliches Spanisch, ich hörte es auch später oft und habe es nie verlernt. Die Bauernmädchen zu Hause konnten nur Bulgarisch, und hauptsächlich mit ihnen wohl habe ich es auch gelernt. Aber da ich nie in eine bulgarische Schule ging und Rustschuk mit sechs Jahren verließ, habe ich es bald vergessen.

Canetti, Elias: Die gerettete Zunge. Geschichte einer Jugend. 30. Auflage. Frankfurt am Main 2000, S. 10f., 17.

M 8 Europa vor dem Ersten Weltkrieg

M 9 Vorschlag des Schweizer Ethnologen George Montandon (1879–1944) für die Umsiedlung von Minderheiten, um „reine Nationalstaaten" zu erhalten

Wie sind sie [die Ursachen für Konflikte] zu beseitigen? Nach der Festlegung einer (wenn möglich) natürlichen Grenze durch die ***massive Verpflanzung*** *[Hervorhebung im Original] von Nichtangehörigen der Nation oder von solchen, die dafür erklärt werden, in Gebiete jenseits der Grenze, ferner durch das Verbot des Eigentumsrechts oder selbst des Aufenthaltsrechtes für Ausländer in den Grenzprovinzen.*

LES FRONTIÈRES NATIONALES D'UNE EUROPE NOUVELLE

Montandon, George: Frontières nationales: Détermination objective de la condition primordiale nécessaire à l'obtention d'une paix durable. Lausanne 1915, S. 9.

M 10 Vorschlag von Siegfried Lichtenstädter unter dem Pseudonym Dr. Mehmed Emin Efendi für einen Bevölkerungsaustausch in der Türkei, 1898

Wenn in einem Organismus Fremdkörper sich befinden und krankhafte Störungen verursachen, so giebt es je nach Lage des Falles verschiedene Heilmittel. Das gründlichste Mittel ist, den Fremdkörper zu beseitigen, ihn aus dem Organismus zu entfernen. [...] Dies ist aber nicht immer durchführbar. Ein milderes Mittel wendet die Natur oft an, indem sie den Fremdkörper einzukapseln und dadurch für den Organismus unschädlich zu machen sucht [...]. Solange die christlichen Völkerschaften in der bisherigen Zahl und Größe im Gebiete des türkischen Reiches existiren, ist eine dauernde Gesundung desselben nicht möglich. Folglich müssen die ersteren, soweit möglich, vom Gebiete des türkischen Reiches verschwinden. Dies ist die allererste und wichtigste Bedingung für die Gesundung des türkischen Staatswesens.

Der Gedanke eines derartigen Bevölkerungsaustausches mag wohl Manchem befremdlich erscheinen und widerstreben. Ich verkenne auch nicht, daß ein solches Unternehmen eine gewaltige Summe von Geschick, Organisationstalent, Thatkraft und Ausdauer erfordern wird. Allein dem Ziele, das jede zugleich verständige und ehrliche Orientpolitik verfolgen muß – Beseitigung der religiösen Gegensätze und Schaffung von Friede und Ordnung – würde man wenigstens in einem Theile des Orients dadurch um eine Strecke näher kommen.

Efendi, Mehmed Efendi Dr. [Siegfried Lichtenstädter]: Die Zukunft der Türkei. Ein Beitrag zur Lösung der orientalischen Frage. Berlin und Leipzig 1898, S. 13f., 30.

M 11 Die Veränderung der Staatsgrenzen in Europa aufgrund der Verträge nach dem Ersten Weltkrieg

- Alliierte und assoziierte Hauptmächte und Mächte
- Besiegte Mächte und deren Verbündete
- Von Deutschland durch den Friedensvertrag von Versailles abgetretene Gebiete (28.06.1919)
- Von Deutsch-Österreich durch den Friedensvertrag von Saint-Germain-en-Laye abgetretene Gebiete (19.09.1919)
- Von Bulgarien durch den Friedensvertrag von Neuilly abgetretene Gebiete (27.11.1919)
- Von Ungarn durch den Friedensvertrag von Trianon abgetretene Gebiete (04.06.1920)
- Von der Russischen Sozialistischen Föderativen Sowjetrepublik abgetretene Gebiete (27.11.1919)
- Vertragsorte

M 12 Botschaft des amerikanischen Präsidenten Thomas Woodrow Wilson (1856–1924) an die beiden Häuser des Kongresses der Vereinigten Staaten vom 11. Februar 1918 über die künftige Friedensordnung in Europa

The principles to be applied are these:
First, that each part of the final settlement must be based upon the essential justice of that particular case and upon such adjustments as are most likely to bring a peace that will be permanent;
Second, that peoples and provinces are not to be bartered about from sovereignty to sovereignty as if they were mere chattels and pawns in the game, even the great game, now forever discredited, of the balance of power; but that
Third, every territorial settlement involved in this war must be made in the interest and for the benefit of the populations concerned, and not as a part of any mere adjustment or compromise of claims amongst rival states; and
Fourth, that all well defined national aspirations shall be accorded the utmost satisfaction that can be accorded them without introducing new or perpetuating old elements of discord an antagonism that would be likely in time to break the peace of Europe an consequently of the world.

Papers Relating to the Foreign Relations of the United States. 1918. Supplement 1: The World War, Bd. 1. Washington 1933, S. 112.

M 13 Unruhen in Böhmen am 4. März 1919: Tschechoslowakisches Militär schlägt Kundgebungen der deutschen Bevölkerung gewaltsam nieder

Nachdem schon vorgestern in Karlsbad, Reichenberg, Eger, Aussig, Sternberg, Brüx, Mies und Neutitschein das tschecho-slowakische Militär mit Salvenfeuer und Bajonetten gegen die deutsche Bevölkerung gewütet hatte, die sich am Tag des Zusammentritts der deutsch-österreichischen Nationalversammlung zu durchaus friedlichen Kundgebungen für das Selbstbestimmungsrecht der Deutschen Böhmens zusammengefunden hatte, haben gestern tschecho-slowakische Soldaten in Kaaden und Karlsbad Grausamkeiten gegen Deutsche verübt. In Kaaden wurden 17 Personen getötet, 30 schwer und 80 leicht verwundet. [...] Es ist zweifellos, daß die tschechische Regierung [...] vor der Anwendung schlimmster Gewaltmittel nicht zurückschreckt. Die Wirkung dieser unbeschreiblichen Gewalttaten kann selbstverständlich nur die sein, daß sich das Verhältnis zwischen Deutschböhmen und der tschechischen Regierung unversöhnlich gestaltet, und daß seit den Schießereien jede Möglichkeit einer Verständigung ausgeschlossen scheint. Die Erbitterung in Deutschböhmen hat nicht nur die bürgerliche Bevölkerung, sondern auch alle sozialdemokratischen Arbeiterkreise ergriffen und wird nach diesem Blutvergießen nicht mehr schwinden.

Neue Züricher Zeitung vom 7. März 1919.

M 14 Interview des tschechoslowakischen Staatspräsidenten Thomas G. Masaryk (1850–1937), in dem er sich auch zu der deutschen Bevölkerung in Böhmen äußert, Frankfurter Zeitung vom 15. Mai 1919

Prag. 13. Mai [Priv. Tel.] Ueber die Deutschen Böhmens sagte Masaryk, sie werden als Bürger völlig gleichberechtigt und keinem Versuch der Entnationalisierung ausgesetzt sein, andererseits können die Deutschböhmen nicht das Selbstbestimmungsrecht Wilsons anrufen, dem ein nationales Prinzip nach europäischen Begriffen nicht innewohnt, was aus der Anerkennung der strategischen, also nicht nationalen Grenze für Italien hervorgeht. In Deutschböhmen wohnt auch eine tschechische Minorität. Da also eine reinliche Scheidung unmöglich ist, müssen beide vernünftig genug sein, um ein Zusammenleben und eine ruhige Entwicklung möglich zu machen. Ueberhaupt, sagte der Präsident nachdrücklich, handelt es sich bei alledem nicht nur um Nationalität, sondern auch um Internationalität. Die Entwicklung drängt zur Bildung des Völkerbundes oder der vereinigten Staaten von Europa, daher muß, was in der Schweiz möglich ist, auch in Böhmen durchführbar sein. Zu Oesterreich wünschen wir ebenfalls das beste Verhältnis, doch ist von ihm absolutes loyales Verhalten zu fordern. Das bisherige Verhalten Wiens gegen die Deutschböhmen war kein richtiges.

Kommentar der Frankfurter Zeitung zum Interview

Daß Masaryk, der einstige tapfere Verteidiger von Recht und Wahrheit, auch gegen die eigenen Volksgenossen einmal ein ‚Realist' in dem opportunistischen Sinne werden könnte, um aus einem flagranten Unrecht an anderer Stelle das Recht zum Unrecht im eigenen Interesse herzuleiten, haben vor wenigen Jahren weder seine Freunde noch seine Feinde ahnen können. Eine Irreführung ist es, wenn der Präsident von den tschechischen Minderheiten im deutschen Sprachgebiet spricht. Eine ganz reinliche Scheidung der Nationalitäten nach Sprachgrenzen ist überhaupt nicht möglich. Aber im ganzen deutschen Sprachgebiet Böhmens wohnten 1910 nur 126.000 Tschechen, wogegen jetzt unter der Vergewaltigung des Selbstbestimmungsrechts eine deutschen Minderheit von 3½ Millionen unter die Herrschaft der Tschechen kommt. Denn es ist ebenfalls eine Irreführung, wenn der Präsident von schweizerischen Verhältnissen in Böhmen spricht. Die Tschechen und auch Herr Masaryk denken gar nicht daran aus Böhmen eine Schweiz zu machen. Sie wollen herrschen und von einer Gleichberechtigung der Nationalitäten ist gar keine Rede.

Zitiert nach Odsun. Die Vertreibung der Sudetendeutschen. Dokumentation zu Ursachen, Planung und Realisierung einer „ethnischen Säuberung" in der Mitte Europas 1848/49–1945/46. Bd. 1. Vom Völkerfrühling und Völkerzwist 1848/49 bis zum Münchner Abkommen 1938 und zur Errichtung des Protektorats Böhmen und Mähren 1939. München 2000, S. 572f.

M 15 Auszug aus den Bestimmungen zum Schutz der Minderheiten in der von der revolutionären Nationalversammlung tschechischer und slowakischer Abgeordneter beschlossenen Verfassung der Tschechoslowakischen Republik vom 29. Februar 1920

Wir, das čechoslovakische Volk, haben in der Absicht, die vollkommene Einheit des Volkes zu festigen, eine gerechte Ordnung in der Republik einzuführen, die ruhige Entwicklung der čechoslovakische Heimat zu sichern, das allgemeine Wohl aller Bürger dieses Staates zu fördern und die Segnungen der Freiheit den künftigen Geschlechtern sicherzustellen, in unserem Národni shromáždění am 29. Februar 1920 die Verfassung für die Čechoslovakische Republik angenommen, deren Wortlaut folgt [...]

Sechstes Hauptstück.
Schutz der nationalen, religiösen und Rassenminderheiten.

§ 128.
Alle Staatsbürger der čechoslovakischen Republik sind vor dem Gesetze vollkommen gleich und genießen die gleichen bürgerlichen und politischen Rechte, ohne Rücksicht darauf, welcher Rasse, Sprache oder Religion sie angehören.
Der Unterschied in Religion, Glauben, Bekenntnis und Sprache bildet innerhalb der Grenzen der allgemeinen Gesetze für keinen Staatsbürger der Čechoslovakischen Republik ein Hindernis, insbesondere nicht für den Zutritt zu öffentlichen Diensten, Ämtern und Würden oder für die Ausübung irgend eines Gewerbes oder Berufes.
Die Staatsbürger der čechoslovakischen Republik können innerhalb der Grenzen der allgemeinen Gesetze im Privat- und Handelsverkehre, in Religionsangelegenheiten, in der Presse und in allen Publikationen oder in öffentlichen Volksversammlungen jede Sprache frei gebrauchen.
Hierdurch werden jedoch die Rechte nicht berührt, die den Staatsorganen in diesen Belangen auf Grund der bestehenden oder künftig zu erlassenden Gesetze aus Gründen der öffentlichen Ordnung und der staatlichen Sicherheit sowie der wirksamen Aufsicht zukommen.

§ 131.
In den Städten und Bezirken, in denen ein beträchtlicher Bruchteil von čechoslovakischen Staatsbürgern anderer als der čechoslovakischen Sprache ansässig ist, wird den Kindern dieser čechoslovakischen Bürger im öffentlichen Unterricht innerhalb der Grenzen der allgemeinen Regelung des Unterrichtes angemessene Gelegenheit gewährleistet, Unterricht in ihrer eigenen Sprache zu erhalten, wobei der Unterricht der čechoslovakischen Sprache als Pflichtgegenstand festgesetzt werden kann."

Verfassungsurkunde der Čechoslovakischen Republik. Staatliche Verlagsanstalt. Prag 1930, Vorblatt, S. 31f.

M 16 Emanuel Rádl (1873–1942), Professor für Philosophie an der tschechischen Universität Prag, kritisiert die Konzeption der Republik als tschechischen bzw. tschechoslowakischen Nationalstaat

Der Staat soll den Nationalitäten dienen, nicht sie beherrschen. [...] In der Tschechoslowakischen Republik handelt es sich um bestimmte Nationalitäten: um Tschechen, Slowaken, Deutsche, Magyaren, Polen, Ruthenen, Juden: Das Recht dieser Nationalitäten muß abgesteckt werden, aber keineswegs durch eine abstrakte Formel, vielmehr muß es aus den speziellen Bedürfnissen einer jeden von ihnen hervorgehen. Diese Nationalitäten sind weder Fremde noch Kolonisten noch Minderheiten, die durch mehr oder weniger unklare Gesetze der herrschenden Nation gegenüber geschützt sind, sondern es sind konstitutive Einheiten des Staates. [...]
Die Anerkennung des neuen Staates wurde den Deutschen nicht leicht gemacht. [...] Die herrschende Theorie lehrt, daß der Sinn des Tschechentums im Kampf gegen das Deutschtum liegt, und tatsächlich ist die Politik unserer Republik nach dem Weltkrieg zum großen Teil ein Krieg des Staates gegen die inländische deutsche Bevölkerung. Wie konnten die Deutschen unter diesen Umständen den Staat anerkennen? Insbesondere erschwert noch die politische Praxis im kleinen den Deutschen (und

Ungarn) die Eingliederung in das staatliche Leben. Sie werden im allgemeinen als ein unerwünschtes, verdächtiges, gefährliches, fremdes Element angesehen; der Kampf gegen sie wird als Verdienst um den Staat aufgefaßt. Obgleich es hinreichend klar war, daß den Deutschen Unrecht getan wurde, hat die Regierung nicht ein einziges Mal klar einen objektiven Standpunkt eingenommen und nicht ein einziges Mal die deutschfeindliche Agitation verurteilt; die Gesetze über den Minderheitenschutz werden als Gesetze über den Schutz des Staates gegen die Deutschen ausgelegt.

Rádl, Emanuel: Der Kampf zwischen Tschechen und Deutschen. Ins Deutsche übertragen von Richard Brandeis. Reichenberg 1928, S. 115f., 173f.

M 17 Die Nationalitätenverhältnisse in Böhmen und Mähren bzw. der Tschechoslowakei 1910 und 1930

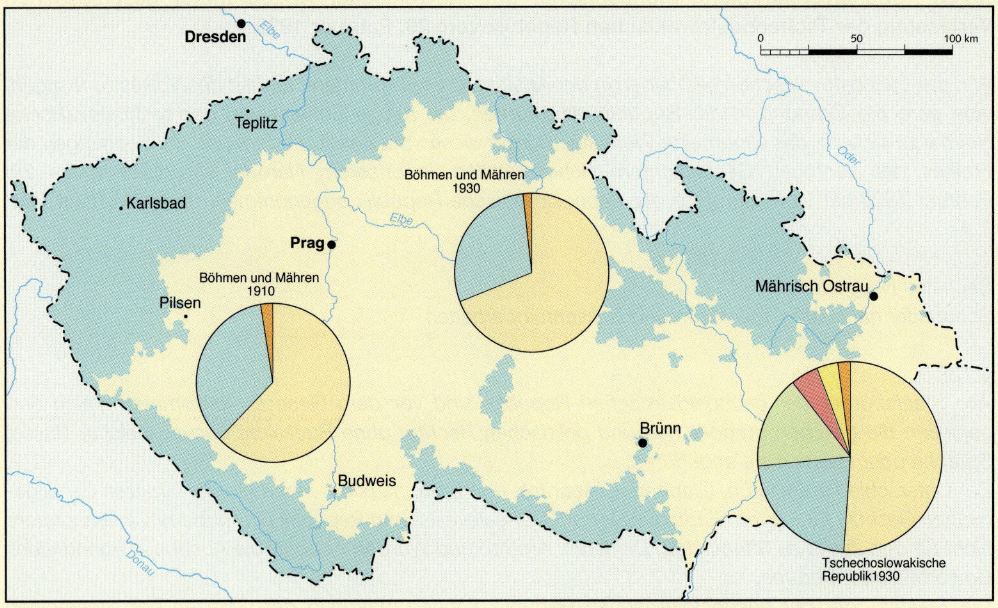

Böhmen und Mähren 1910 und 1930

	1910	1930
Tschechen	6 291 230	7 264 848
Deutsche	3 512 682	3 070 938
Sonstige (Polen, Slowaken Juden, Sinti, Roma u.a.)	255 338	158 823

deutsche Siedlungsgebiete

–·–·–· Staatsgrenze 1935

- - - - - Landesgrenze

Tschechoslowakei 1930

Tschechen	7 406 493
Deutsche	3 231 688
Slowaken	2 282 277
Madjaren	691 923
Ruthenen	549 169
Sonstige	318 015

M 18 Abstimmungsergebnisse im deutsch-polnischen Grenzgebiet vor und nach dem Ersten Weltkrieg

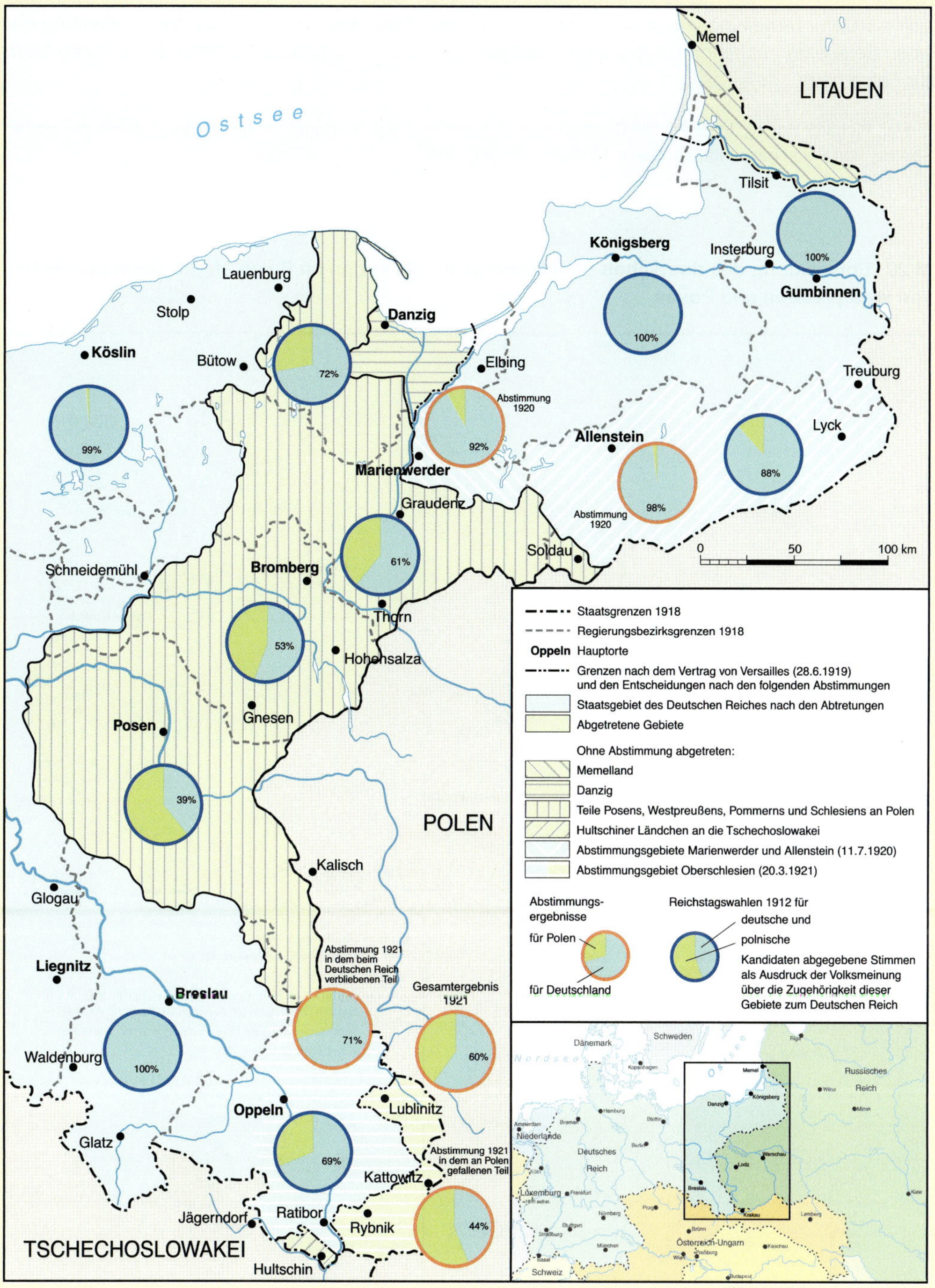

M 19 Die Deutschen im polnischen Staat nach dem Ersten Weltkrieg

In Polen wurde der Minderheitenschutzvertrag von der Bevölkerung bis in die höchsten Regierungsstellen als eine einseitige Diskriminierung angesehen und die erzwungene Aufnahme seiner Bestimmungen in die Verfassungen von 1921 und 1935 als eine Einmischung betrachtet, die es zu beseitigen galt. Die Tatsache, daß der Minderheitenschutzvertrag den Deutschen bei weitem nicht die Rechte gab, die sie erhofft hatten, daß er von polnischer Seite aber trotzdem als Privilegierung bezeichnet wurde, zeigt, daß dieses Problem nicht gelöst war. [...] Die restriktive polnische Politik gegenüber der deutschen Minderheit fand in den internen interministeriellen Richtlinien (wytyczne) der Warschauer Kabinette von 1926 und 1938/39 ihre Stütze. Freilich kann nicht übersehen werden, daß das nationalpolitische Instrumentarium spiegelgleich dem der preußisch-deutschen "Ostmarkenpolitik" entsprach und teilweise direkt von dort entliehen war. [...] Neben dem verwaltungsmäßigen Kampf gegen das Deutschtum, der sich nur in wenigen Fällen auf Ausnahmegesetze, sondern zumeist darauf stützte, daß er allgemeine Bestimmungen einseitig gegen die Deutschen auslegte, entfalteten auch nichtstaatliche Verbände wie der polnische „Westmarkenverband“ eine wirkungsvolle Politik der Einschüchterung und wirtschaftlichen Schwächung der Deutschen, etwa durch Boykottmaßnahmen. Diese Konstellation sollte sich künftig als Teufelskreis erweisen, da jede Seite die andere als Aggressor und sich als Opfer beziehungsweise als Verteidiger legitimer Rechte betrachtete und jede Maßnahme der einen Seite entsprechende Gegen- oder – subjektiv gesehen – Schutzmaßnahmen der anderen Seite zur Folge hatte.

Breyer, Richard/ Rogall, Joachim: Die Deutschen im Polnischen Staat. In: Rogall, Joachim (Hrsg.): Land der großen Ströme. Von Polen nach Litauen. Berlin 1996, S. 378, 380, 383.

M 20 Entwicklung des deutschen Bevölkerungsanteils in den an Polen abgetretenen Gebieten von Westpreußen und Posen

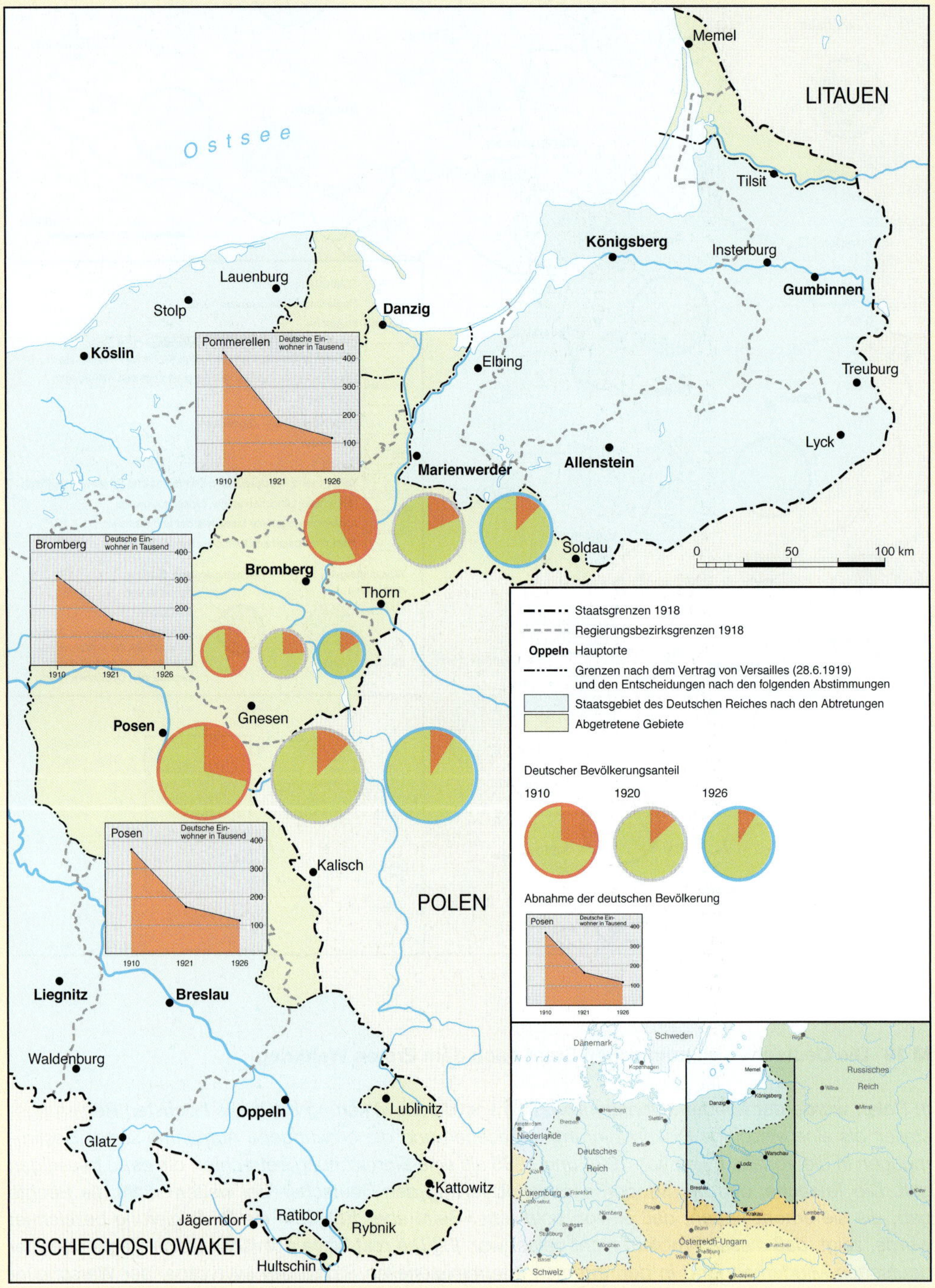

M 21 Auszug aus einem Pressebericht über Massaker während der Balkankriege, 1913

Alle schrecklichen Verfolgungen der Weltgeschichte sind überholt durch das entsetzliche Vorgehen der Truppen des Generals Janković. Während ihres Marsches durch Albanien haben die Serben nicht allein die bewaffneten Albaner verräterisch ermordet und hingerichtet; in ihrer schrecklichen Wildheit mordeten sie wehrlose Leute, Greise, Weiber, Kinder, und selbst Säuglinge an den Brüsten ihrer Mütter.
Die serbischen Offiziere haben in ihrer Siegestrunkenheit die Losung ausgegeben, daß die wirksamste Art, Albanien zu pazifieren, die völlige Ausrottung der Albaner sei. [...] In mehreren Dörfern wurden die Häuser angezündet und die unglücklichen Bewohner wie Ratten niedergeschlagen, als sie sich aus den Flammen retten wollten. Die Männer wurden vor den Augen ihrer Frauen und Kinder getötet, hierauf wurden die unglückseligen Mütter gezwungen, dem Schauspiel der Massakrierung ihrer Kinder beizuwohnen, die man buchstäblich in Stücke hieb.

The Daily Telegraph vom 20. März 1913. Zitiert nach Grulich, Rudolf: „Ethnische Säuberung“ und Vertreibung als Mittel der Politik im 20. Jahrhundert. 3. Auflage. München 1999, S. 24f.

M 22 Exposé des Flüchtlingskommissars des Völkerbundes Fridtjof Nansen (1861–1930) für die Verhandlungen zum Vertrag von Lausanne

[...] daß die Entmischung der Bevölkerungen des Nahen Ostens die wahre Befriedung des Nahen Ostens garantieren wird. [...] und daß der Bevölkerungsaustausch der rascheste und wirksamste Weg ist, um mit den schweren ökonomischen Folgen fertig zu werden, die sich aus der großen Bevölkerungsbewegung, die bereits eingesetzt hat, ergeben.

Zitiert nach Lemberg, Hans: „Ethnische Säuberung“. Ein Mittel zur Lösung von Nationalitätenproblemen? In: Aus Politik und Zeitgeschichte B 46 (1992), S. 28.

M 23 Siedlungsgebiete der Armenier vor dem Ersten Weltkrieg

M 24 Auszug aus einem Telegramm des jungtürkischen Innenministers Mehmed Talaat Pascha (1874–1921, im Exil in Berlin von einem Armenier erschossen) vom 15. September 1915 zum Völkermord an den Armeniern

Es wurde schon früher mitgeteilt, daß die Regierung auf Befehl des Komitees beschlossen hat, alle in der Türkei wohnenden Armenier auszurotten. Wer sich diesem Befehl widersetzt, kann nicht als Freund der Regierung angesehen werden. So bedauerlich auch die Mittel der Vernichtung sein mögen, so muß doch ohne Rücksicht auf Frauen, Kinder oder Kranke, ohne auf die Stimme der Gefühle oder des Gewissens zu hören, ihrem Dasein ein Ende gemacht werden.

Reichsinnenminister Talaat

Nansen, Fridtjof: Betrogenes Volk. Eine Studienreise durch Georgien und Armenien als Oberkommissar des Völkerbundes. Leipzig 1928, S. 317.

M 25 Siedlungsgebiete der Armenier 1926

Armenische Sowjetrepublik 1920/22, 1936

Staatsgrenzen

225 Anzahl der armenischen Bevölkerung (in Tausend)

M 26 Ethnische Verhältnisse im griechischen Makedonien 1912 und 1926

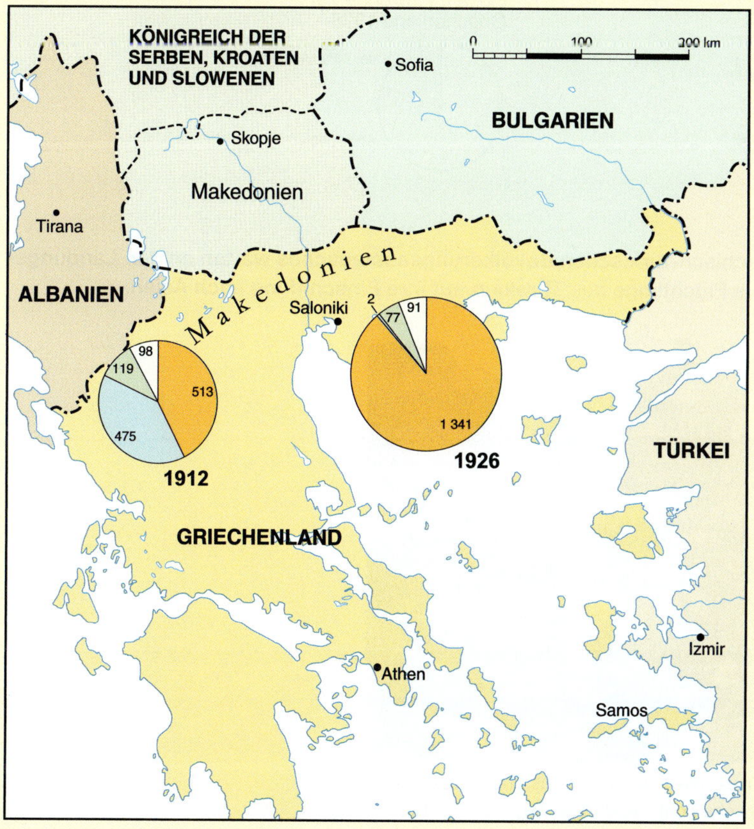

Griechen

Albaner, Türken, griechisch sprachige Moslems

Bulgaren

Gemischt

Zahlenangaben in Tausend

M 27 Der griechisch-türkische Bevölkerungsaustausch aufgrund des Vertrages von Lausanne 1923 und seine Folgen

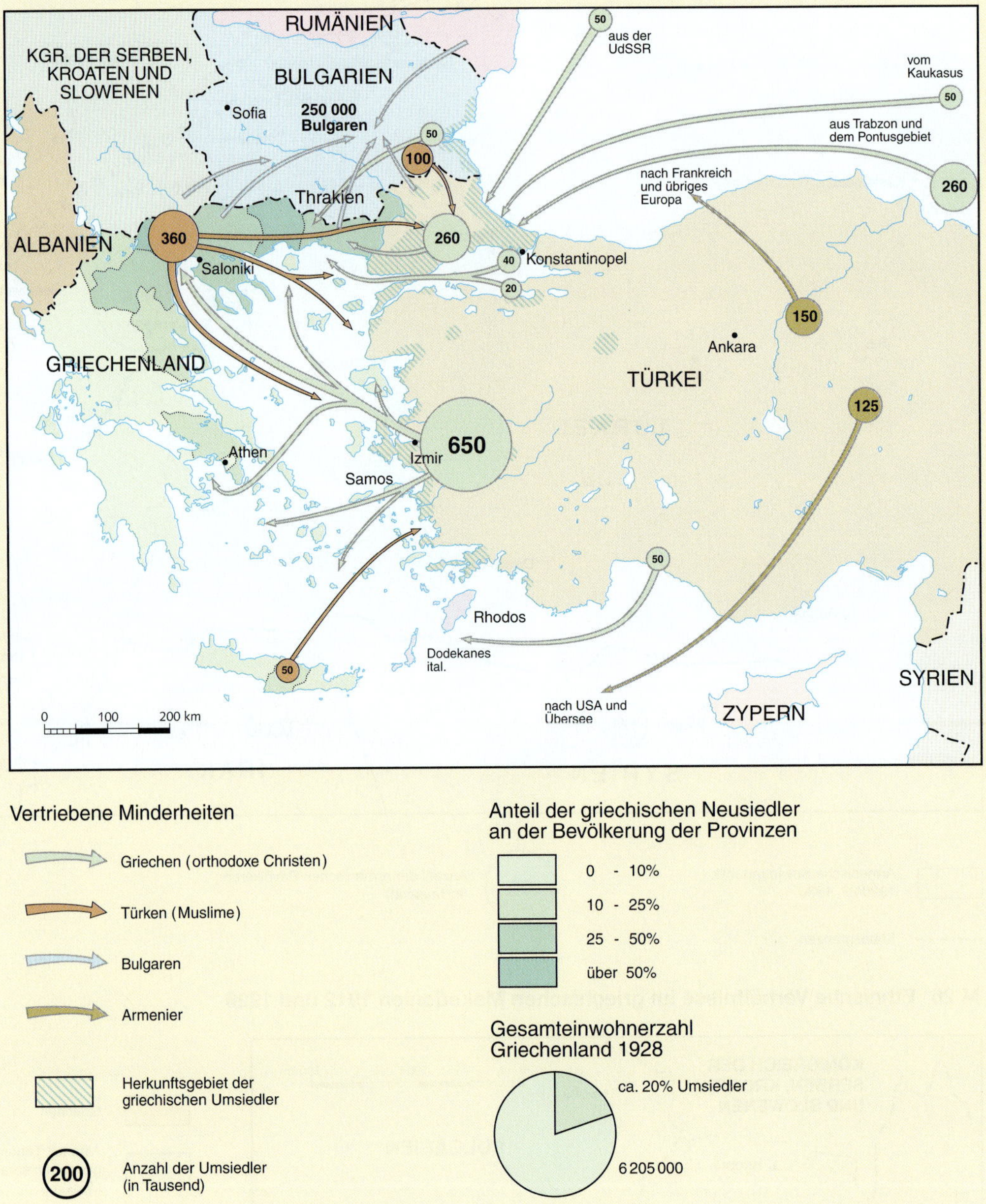

M 28 Während des griechisch-türkischen Bevölkerungsaustausches warten an den Landungsbrücken Konstantinopels Flüchtlinge aus Thrakien auf ihre Einschiffung nach Asien.

Benoist-Méchin, Jacques: Die Türkei 1908-1938. Das Ende des Osmanischen Reiches. Eine historische Foto-Reportage. Zug 1989, S. 133.

M 29 Bevölkerungsverschiebungen 1917–1938

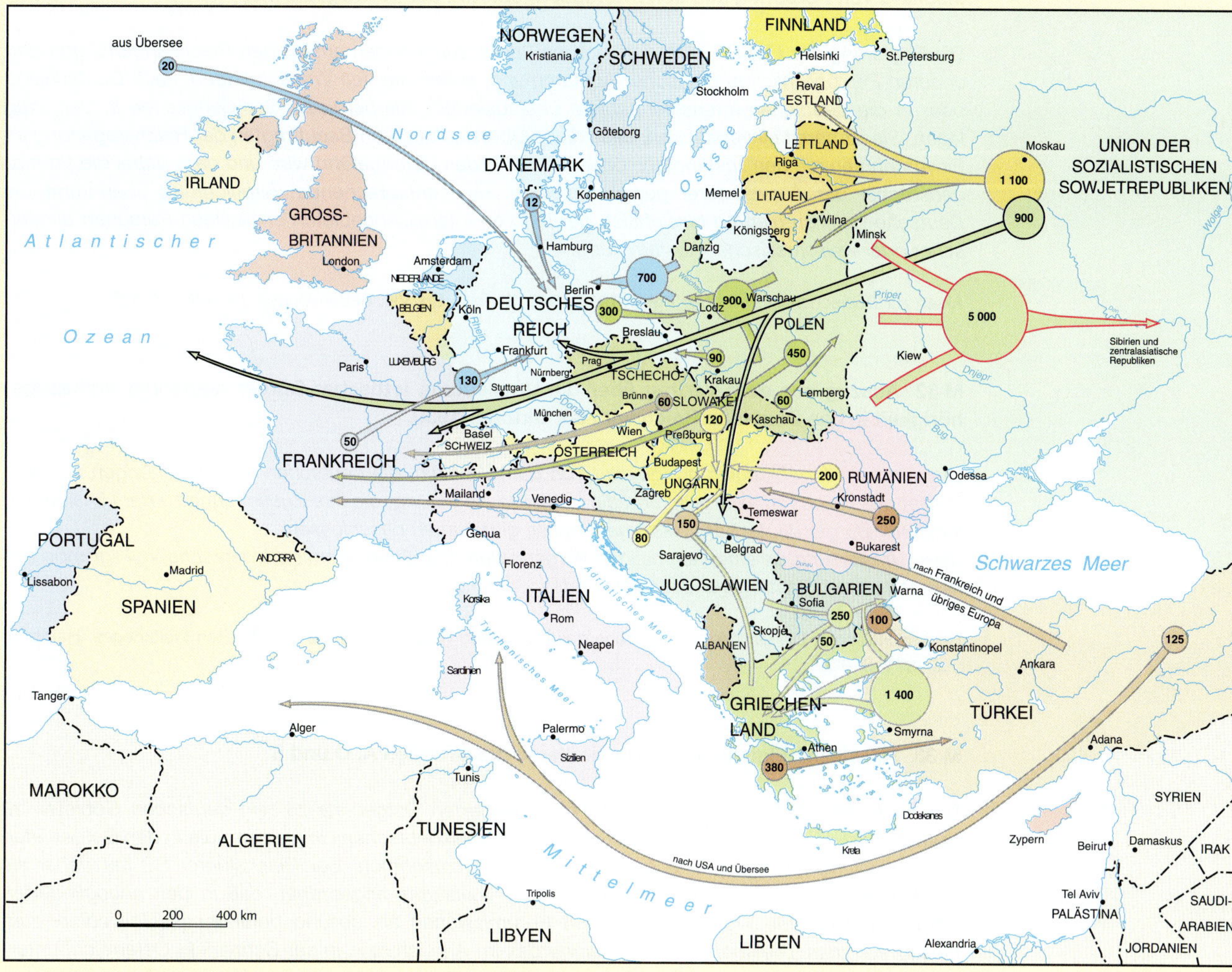

Zwangsumsiedlungen 1926—1939 in der UdSSR

Emigration aus der UdSSR

Umsiedlungen durch Flucht, Verdrängung, Aussiedlung in die durch die Pariser Friedensverträge entstandenen Staaten

Anmerkung: Flucht, Verdrängung, und Auswanderung der Juden 1933–1939 werden nicht dargestellt

Deutsche

Balten

Russen, Ukrainer, Weißrussen

Tschechoslowaken

Polen

Bulgaren

Ungarn

Griechen

Armenier

Muslime (Türken)

Franzosen

M 30 Aufzeichnung über Ansprache Adolf Hitlers vor Generälen der Wehrmacht auf dem Obersalzberg am 22. August 1939

Ich habe den Befehl gegeben [...], daß das Kriegsziel nicht im Erreichen bestimmter Linien, sondern in der physischen Vernichtung des Gegners besteht. So habe ich, einstweilen nur im Osten, meine Totenkopfverbände bereitgestellt mit dem Befehl, unbarmherzig und mitleidslos Mann, Weib und Kind polnischer Abstammung und Sprache in den Tod zu schicken. Nur so gewinnen wir den Lebensraum, den wir brauchen. Wer redet heute noch von der Vernichtung der Armenier?
[...] Polen wird entvölkert und mit Deutschen besiedelt. Mein Polenpakt war nur als Zeitgewinn gedacht. Und im übrigen, meine Herren, ereignet sich mit Rußland ja nur dasselbe, was ich mit Polen durchexerziert habe. Nach Stalins Tod, er ist ein schwerkranker Mann, zerbrechen wir die Sowjetunion. Dann dämmert die deutsche Erdherrschaft herauf. [...] Denken wir als Herren und sehen wir in diesen Völkern bestenfalls lackierte Halbaffen, die die Knute spüren wollen. [...] Und nun: ran an den Feind! In Warschau feiern wir Wiedersehen!

Akten zur Deutschen Auswärtigen Politik, Serie D, Bd. VII. Baden-Baden u.a. 1956, Nr. 193. S. 171f., FN 1.

M 31 Vertrauliches deutsch-sowjetisches Protokoll vom 28. September 1939 über die Übersiedlung von Personen aus den Interessengebieten der Vertragspartner

Die Regierung der UdSSR wird den in ihren Interessengebieten ansässigen Reichsangehörigen und anderen Persönlichkeiten deutscher Abstammung, sofern sie den Wunsch haben, nach Deutschland oder in die deutschen Interessengebiete überzusiedeln, hierbei keine Schwierigkeiten in den Weg legen. Sie ist damit einverstanden, dass diese Übersiedlung von Beauftragten der Reichsregierung im Einvernehmen mit den zuständigen örtlichen Behörden durchgeführt wird und dass dabei die Vermögensrechte der Auswanderer gewahrt bleiben. Eine entsprechende Verpflichtung übernimmt die Deutsche Reichsregierung hinsichtlich der in ihren Interessengebieten ansässigen Personen ukrainischer oder weissrussischer Abstammung.

Akten zur Deutschen Auswärtigen Politik 1918-1945, Serie D, Bd. VIII. Baden-Baden u.a. 1961, S. 128.

M 32 Auszug aus dem Vertrag über die Umsiedlung lettischer Bürger deutscher Volkszugehörigkeit in das Deutsche Reich vom 30. Oktober 1939.

Die deutsche Reichsregierung, geleitet von dem Wunsch, die deutschen Volkszugehörigen auf dem Gebiet des Reichs zu sammeln, und die Lettische Regierung, die ihre Zustimmung zu der Umsiedlung lettischer Bürger deutscher Volkszugehörigkeit gibt, haben beschlossen:
diese Umsiedlung als einen einmaligen Vorgang durchzuführen, womit die deutsche Volksgruppe aus dem lettischen Staatsverband ausscheidet.

Hecker, Hellmuth: Die Umsiedlungsverträge des Deutschen Reiches während des Zweiten Weltkrieges. Hamburg u.a. 1971, S. 61f.

M 33 Rassische Einteilung der Umsiedler in die Gruppen A, O und S

Um nach dem Willen des Führers die eingegliederten Ostgebiete zu rein deutschen Gebieten zu gestalten, ist es notwendig, unter den reichs- und volksdeutschen Umsiedlern, die in den Ostgebieten zur Ansiedlung gelangen, eine gewisse Auslese vorzunehmen. Der Reichsführer SS hat daher als Reichskommissar für die Festigung deutschen Volkstums angeordnet, daß in den angegliederten Ostgebieten nur die »von den ärztlichen Kommissionen als gesund befundenen Umsiedler« zum Einsatz kommen. Die übrigen Umsiedler werden im Altreich bzw. in der Ostmark [= Österreich] untergebracht oder, soweit es sich um fremdstämmige handelt, die keinen erwünschten Bevölkerungszuwachs darstellen, in das Generalgouvernement verbracht. Fremdstämmige Umsiedler können dann im Altreich eingesetzt werden, wenn sie als gesundheitlich wertvoll betrachtet werden können [...] Hierbei wird auch die Entscheidung getroffen, welche Umsiedler für den Einsatz in den angegliederten Ostgebieten, im Altreich oder im Generalgouvernement in Betracht kommen. Zu diesem Zweck werden den Umsiedlern Transportkarten ausgehändigt, welche die Bezeichnung

A (Altreichsfälle),
O (für den Einsatz in den angegliederten Ostgebieten bestimmte),
S (Sonderfälle – Fremdstämmige bzw. Angehörige zweifelhaften Volkstums)

tragen.

Der Menscheneinsatz. Grundsätze, Anordnungen und Richtlinien. Hrsg. von der Hauptabteilung I des Reichskommissariats für die Festigung deutschen Volkstums. Berlin 1940, S. 48f.

M 34 „Heim ins Reich“: Umgesiedelte volksdeutsche Gruppen 1939–1944

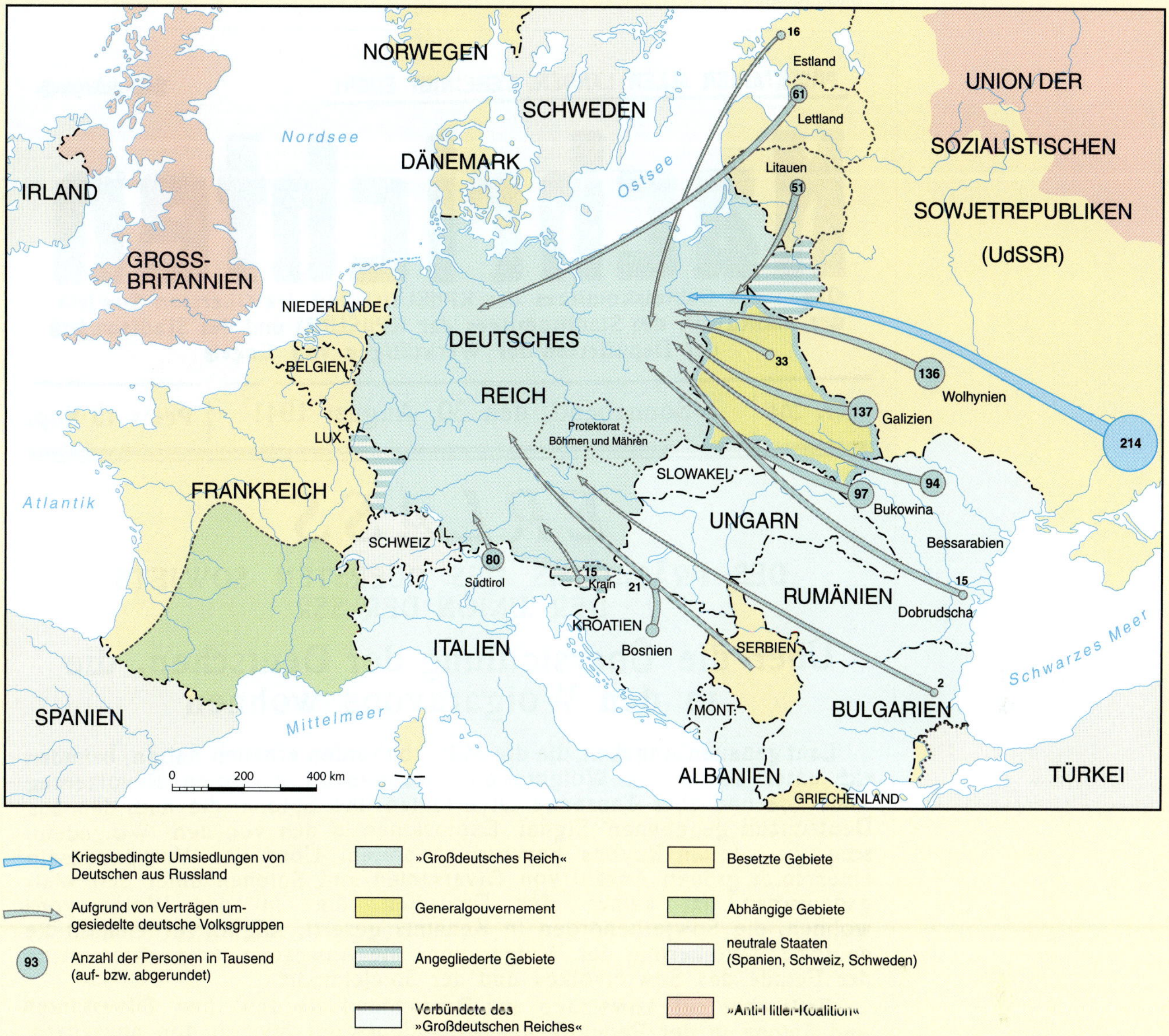

M 35 Deportation von Polen aus ihrer Heimat um dort Volksdeutsche anzusiedeln.

Das Dorf wurde umzingelt, und kurz vor Mitternacht wurden die Leute aus den Betten herausgejagt. Dann kam der Befehl, binnen einer halben oder Dreiviertelstunde mit einem Gepäck von 30 Kilogramm reisefertig zu sein [...] Die Polen mussten in ihren eigenen Wagen in die Kreisstadt fahren und kamen dort hinter Stacheldraht. In der Kreisstadt warteten bereits Volksdeutsche, die man von woanders hergeholt hatte. Diese Volksdeutschen wurden dann auf dieselben Wagen geladen, in denen die polnischen Familien gekommen waren.

Franzen, K. Erik: Die Vertriebenen. Hitlers letzte Opfer. Berlin, München 2001, S. 47.

M 36 Erlass des Obersten Sowjets der UdSSR vom 28. August 1941 zur Deportation der Wolgadeutschen

PROLETARIER ALLER LÄNDER, VEREINIGT EUCH! 24. Jahrgang.

Nachrichten

Organ des Gebietskomitees der KPdSU(B) und des Obersten Sowjets der ASSRdWD, des Stadtkomitees der KPdSU(B) und des Stadtsowjets der Deputierten der Werktätigen von Engels

Nr. 204 | Sonnabend, den 30. August 1941 | Preis 15 Kop.

ERLASS

DES PRÄSIDIUMS DES OBERSTEN SOWJETS DER UNION DER SSR

Über die Übersiedlung der Deutschen, die in den Wolgarayons wohnen

Laut genauen Angaben, die die Militärbehörden erhalten haben, befinden sich unter der in den Wolgarayons wohnenden deutschen Bevölkerung Tausende und aber Tausende Diversanten und Spione, die nach dem aus Deutschland gegebenen Signal Explosionen in den von den Wolgadeutschen besiedelten Rayons hervorrufen sollen. Über das Vorhandensein einer solch großen Anzahl von Diversanten und Spionen unter den Wolgadeutschen hat keiner der Deutschen, die in den Wolgarayons wohnen, die Sowjetbehörden in Kenntnis gesetzt, folglich verheimlicht die deutsche Bevölkerung der Wolgarayons die Anwesenheit in ihrer Mitte der Feinde des Sowjetvolkes und der Sowjetmacht.

Falls aber auf Anweisung aus Deutschland die deutschen Diversanten und Spione in der Republik der Wolgadeutschen oder in den angrenzenden Rayons Diversionsakte ausführen werden und Blut vergossen wird, wird die Sowjetregierung laut den Gesetzen der Kriegszeit vor die Notwendigkeit gestellt, Strafmaßnahmen gegenüber der gesamten deutschen Wolgabevölkerung zu ergreifen.

Zwecks Vorbeugung dieser unerwünschten Erscheinungen und um kein ernstes Blutvergießen zuzulassen, hat das Präsidium des Obersten Sowjets der UdSSR es für notwendig gefunden, die gesamte deutsche in den Wolgarayons wohnende Bevölkerung in andere Rayons zu übersiedeln, wobei den Überzusiedelnden Land zuzuteilen und eine staatliche Hilfe für die Einrichtung in den neuen Rayons zu erweisen ist. Zwecks Ansiedlung sind die an Ackerland reichen Rayons des Nowosibirsker und Omsker Gebiets, des Altaigaus, Kasachstans und andere Nachbarortschaften bestimmt.

In Übereinstimmung mit diesem wurde dem Staatlichen Komitee für Landesverteidigung vorgeschlagen, die Übersiedlung der gesamten Wolgadeutschen unverzüglich auszuführen und die überzusiedelnden Wolgadeutschen mit Land und Nutzländerein in den neuen Rayons sicherzustellen.

Vorsitzender des Präsidiums des Obersten Sowjets der UdSSR M. KALININ.

Sekretär des Präsidiums des Obersten Sowjets der UdSSR A. GORKIN.

Moskau, Kreml. 28. August 1941.

Eisfeld, Alfred: Die Russlanddeutschen. München 1992, S. 120.

M 37 Bevölkerungsverschiebungen in der Sowjetunion 1920–1952

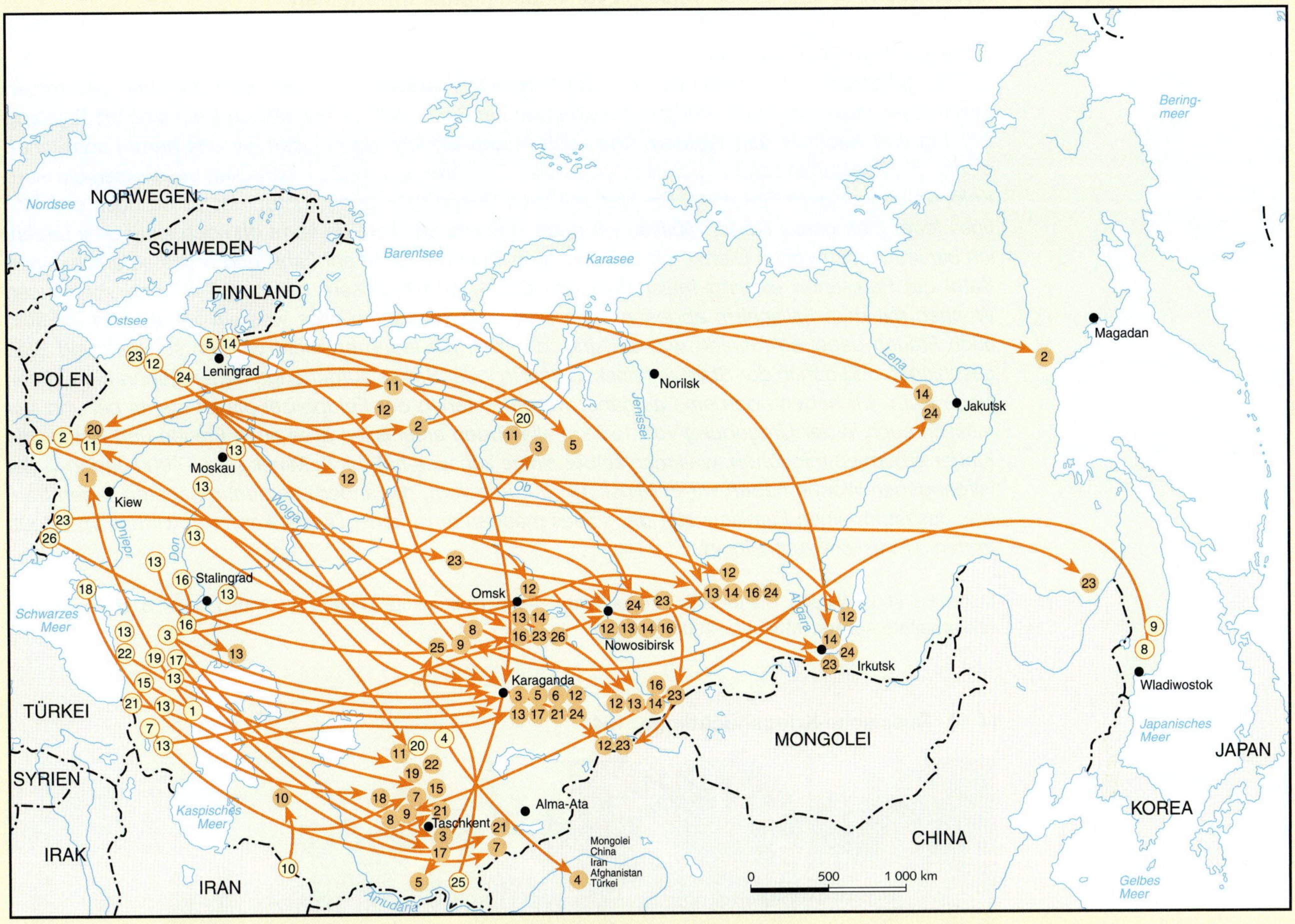

1 Tereker Kosaken 1920
2 "Sozial gefährliche Elemente" 1930
3 "Kulaken" 1930, 1931, 1933, 1935, 1936
4 Kasachische Nomaden 1933
5 Ingermanländische Finnen 1935
6 Deutsche und Polen 1936
7 Meschetische Türken, Kurden, Hemschenen, Aserbaidschaner und andere 1937, 1944
8 Koreaner 1937
9 Chinesen, repatriierte "Harbiner" 1937
10 Iranische Juden 1938
11 Polen und Flüchtlinge aus Polen 1940
12 "Konterrevolutionäre" und "Nationalisten" 1941
13 Deutsche 1941
14 Finnen und Deutsche 1941
14 Ingermanländische Finnen 1942
15 Karatschaier 1943
16 Kalmücken 1943, 1944
17 Tschetschenen, Inguscheten, Balkaren 1944
18 Krimtataren, Krimvölker (Griechen, Bulgaren, Armenier, Türken u.a.) 1944
19 Kabardiner, "Kollaborateure" 1944
20 Polen 1944
21 Lasen und andere Bewohner der Grenzrayons 1944
22 "Daschnaken"-Armenier, Daschnaken, Türken und Griechen mit türkischer, griechischer und sowjetischer Staatsbürgerschaft oder Staatenlose 1948, 1949
23 "Banditen und deren Helfershelfer unter den Kulaken" 1948, 1949
24 "Kulaken" und "Banditen" 1950, 1951, 1952
25 Basmatschen 1951
26 Zeugen Jehovas 1951

–·– Grenzen von 1950
(17) Herkunftsgebiet
(17) Deportationsgebiet

M 38 Der „Generalplan Ost": Stellungnahme des rassepolitischen Dezernenten im Ostministerium, Dr. Erhard Wetzel, April 1942

Wenn man für die Umsiedlung [von 20 Millionen Polen] eine Zeitdauer von 30 Jahren, wie auch im Plan geschehen, vorsieht, wird sich die Zahl der Umsiedler, auf etwa 700.000 bis 800.000 belaufen, d.h. es würden für die Transportierung dieser Massen jährlich 700 bis 800 Eisenbahnen, für Transporte von Materialien, evtl. Vieh, noch mehrere weitere hundert Züge in Betracht kommen. Das würde an sich bedeuten, daß etwa 100 bis 120 Eisenbahnzüge nur für die Polentransporte jährlich zur Verfügung stehen müßten. Technisch dürfte dies in einigermaßen ruhigen Zeiten aber durchführbar sein.

Wasser, Bruno: Himmlers Raumplanung im Osten. Der Generalplan Ost in Polen 1940-1944. Basel u.a. 1993, S. 56.

M 39 Feldpostbrief eines deutschen Soldaten aus einer Pioniereinheit in Weißrussland vom 10. November 1941 über Erschießungen von Juden [Fehler im Original]

Liebe Kathi am 17. X. sind wir
zurück gekomen nach Minsk wir sind jetzt in einer Kaserne die war auch zum teil zusammen geschossen gewesen, aber wenigstens haben wir ein Dach wen wir daheim sind, wir sind oft Tagelang fort Tag und Nacht in den Wäldern und auch in den Dörfern da müssen wir uns herum schleichen wegen die Partisanen solche gibt es noch so viel, Sie sprengen die Bahnstrecken beschissen die Auto Kolonen und einzelne Soldaten. Sie sind mit allen Geschützen ausgerüstet, das es oft noch ein richtiges feuer gibt, ganze Dörfer müssen wir noch in Brand stecken, da komt oft noch einer ums Leben, ich bin immer schwer im Dienst mit meinem Auto Tag und Nacht auf Fahrt und oft so geferlich. Liebe Kathl die Partisanen es sind meist Rusische Ofizire und Komisare die zum Teil noch vor einigen Wochen mit dem Fallschirm abgesprungen sind, und vernichten alles was ein wenig geht, es sind auch Frauen dabei so rafiniert wie die sind, die man bei leben erwischt werden schwarz und Blau geschlagen und dan in der Stadt in Minsk überall in jeder Strase aufgehengt, denen gehört nicht mehr. Liebe Kathi wir haben noch eine aufgabe, wir unterstehen der Feldpolizei die ist stehts bei uns, wir müssen auch in der Umgebung von 150 km alle Juden erschissen alles auch Frauen und Kinder die Kinder erbarmen mir schon, weil man selber einige zuhause hat, hir in Minsk sind 37000 Juden in der vergangenen Woche haben wir in Minsk 14000 umgelegt, die andern komen in nägsten Tagen tran, was das ist für einen Familienvater der sowas machen mus, kanst Dir denken, wen wir uns im Urlaub treffen gibt es viell zu erzählen.

Möller, Horst u.a. (Hrsg.): Die tödliche Utopie. Bilder, Texte, Dokumente, Daten zum Dritten Reich. 3. erweiterte und überarbeitete Auflage. München 2001, S. 243.

M 40 Russische Kriegsflüchtlinge, 1941

Bundesarchiv 183/B 10911

M 41 Denkschrift „Generalplan Ost. Rechtliche, wirtschaftliche und räumliche Grundlagen des Ostaufbaus", Juni 1942

Die Durchdringung der großen Räume des Ostens mit deutschem Leben stellt das Reich vor die zwingende Notwendigkeit, neue Besiedlungsformen zu finden, die die Raumgröße und die jeweilig verfügbaren deutschen Menschen miteinander in Einklang bringen.
Im Generalplan Ost vom 15. Juli 1941 war die Abgrenzung neuer Siedlungsgebiete unter Zugrundelegung einer Entwicklung von 30 Jahren vorgesehen worden. Auf Grund von Weisungen des Reichsführers-SS ist zunächst von einer Besiedlung folgender Gebiete auszugehen:

1. *Ingermanland (Petersburger Gebiet)*
2. *Gotengau (Krim und Chersongebiet, früher Taurien); es wird ferner vorgeschlagen*
3. *Memel-Narewgebiet (Bezirk Bialystok und Westlitauen). [...]*

Die Marken und Stützpunkte sollten in einem Zeitraum von 25 bis 30 Jahren eingedeutscht werden.

Madajczyk, Czesław (Hrsg.): Vom Generalplan Ost zum Generalsiedlungsplan. Dokumente. München u.a. 1994, S. 123, 126.

M 42 Tagebucheintrag des Reichspropagandaministers Joseph Goebbels vom 27. März 1942 über die „Aktion Reinhardt"

Aus dem Generalgouvernement werden jetzt, bei Lublin beginnend, die Juden nach dem Osten abgeschoben. Es wird hier ein ziemlich barbarisches und nicht näher zu beschreibendes Verfahren angewandt, und von den Juden selbst bleibt nicht mehr viel übrig. Im großen kann man wohl feststellen, daß 60 % davon liquidiert werden müssen, während nur noch 40 % in die Arbeit eingesetzt werden können. Der ehemalige Gauleiter von Wien, der diese Aktion durchführt, tut das mit ziemlicher Umsicht und auch mit einem Verfahren, das nicht allzu auffällig wirkt. An den Juden wird ein Strafgericht vollzogen, das zwar barbarisch ist, das sie aber vollauf verdient haben. Die Prophezeiung, die der Führer ihnen für die Herbeiführung eines neuen Weltkriegs mit auf den Weg gegeben hat, beginnt sich in der furchtbarsten Weise zu verwirklichen. Man darf in diesen Dingen keine Sentimentalität obwalten lassen [...]
Gottseidank haben wir jetzt während des Krieges eine ganze Reihe von Möglichkeiten, die uns im Frieden verwehrt wären. Die müssen wir ausnutzen. Die in den Städten des Generalgouvernements freiwerdenden Ghettos werden jetzt mit den aus dem Reich abgeschobenen Juden gefüllt, und hier soll sich dann nach einer gewissen Zeit der Prozeß erneuern.

Fröhlich, Elke (Hrsg.): Die Tagebücher von Joseph Goebbels. Teil II, Bd. 3. München 1994, S. 561.

M 43 Vermerk zum Vortrag Ulrich Greifelts, Chef des Stabsamtes des „Reichskommissars für die Festigung deutschen Volkstums" (RKF), der zentralen Umsiedlungs- und Rassenplanungsbehörde des Deutschen Reiches, beim RKF-Reichskommissar Heinrich Himmler vom 12. Mai 1943

Der Reichsführer-SS hat angeordnet, daß die Ansiedlungsmaßnahmen [zur Ansiedlung von Volksdeutschen in der Region Zamość] im Rahmen der gegebenen Möglichkeiten fortgeführt werden, wobei die anderweitige Unterbringung der abgesiedelten Polen gefördert werden müsse. Eine vordringliche Aufgabe im Generalgouvernement sei es, die dort noch vorhandenen 3–400.000 Juden zu entfernen.

Biuletyn XIII (1960), S. 84f. Zitiert nach Aly, Götz: „Endlösung". Völkerverschiebung und der Mord an den europäischen Juden. Frankfurt am Main 1995, S. 412.

M 44 Deportation und Vernichtung der Juden 1939–1945 im Kontext europäischer Bevölkerungsbewegungen

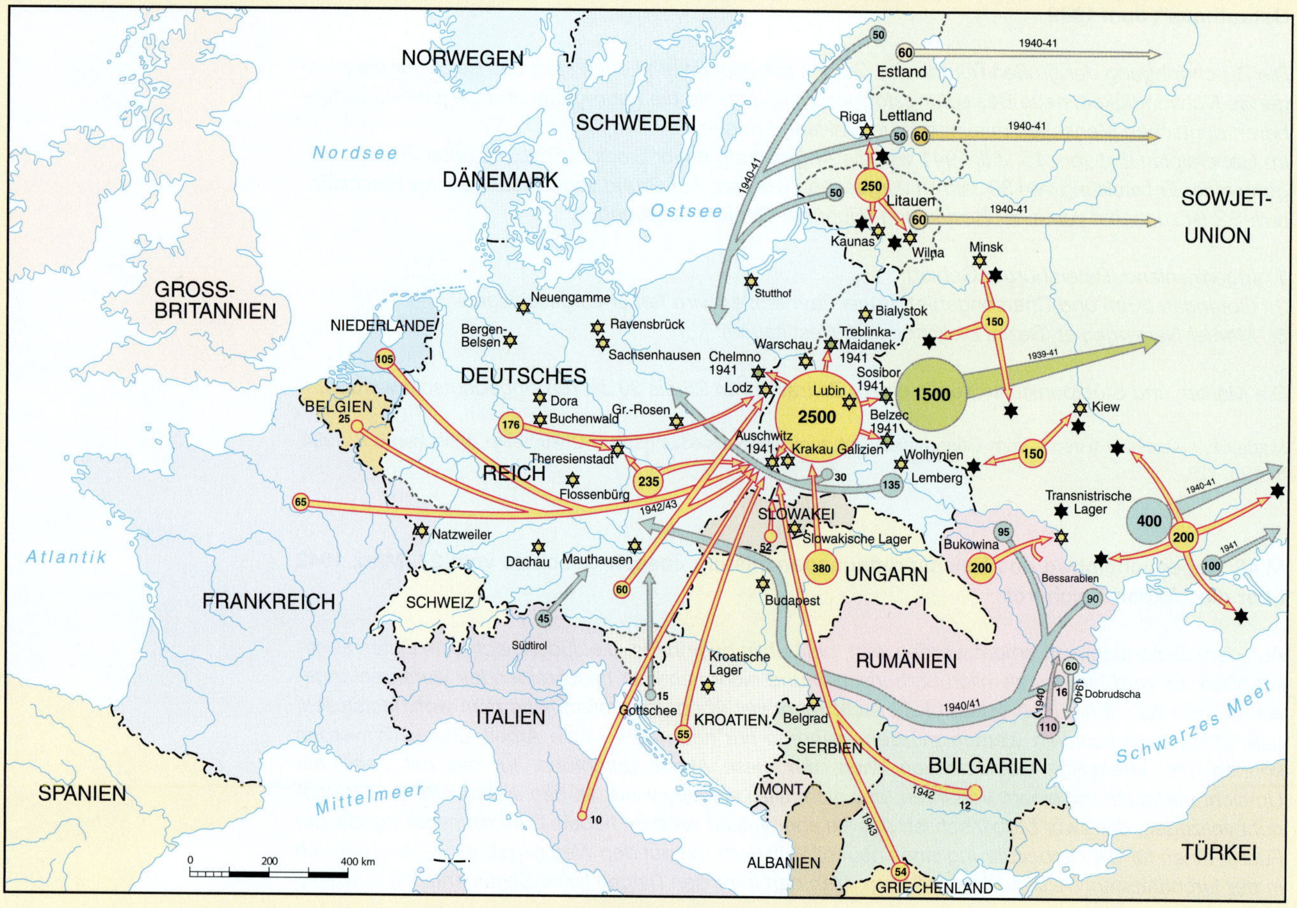

Sowjetische Zwangsumsiedlung von Polen aus Ostpolen nach der UdSSR (1939/41)

Umsiedlung von Rumänen nach der Abtretung der Süddobrudscha an Bulgarien (1940)

Umsiedlung von Bulgaren nach der Einverleibung der Süddobrudscha durch Bulgarien (1940/41)

Aussiedlung deutscher Volksgruppen aus Ost- und Südosteuropa (1940/41); Deportation von Schwarzmeer- und Wolgadeutschen 1941

Deportation von Balten nach der UdSSR bei der Annexion der baltischen Staaten durch die UdSSR (1940)

Judendeportation und -vernichtung 1941–1944

(176) Mindestzahlen der nach Deportation in Vernichtungslager, Ghettos und Zwangsarbeitslager getöteten oder umgekommenen Juden (in Tausend)

(110) Anzahl der Deportierten, Umgesiedelten und Flüchtlinge (in Tausend)

Grenzen: Stand Herbst 1942

Judenvernichtungslager in Polen (Jahr der Einrichtung)

Massentötung (Erschießung) von Juden in Rußland

Hauptjudenlager und -ghettos einschließlich der großen Konzentrationslager mit hoher Sterblichkeit der Juden

Quellen und Materialien

Kapitel 4: Umsiedlung, Flucht und Vertreibung der Deutschen

M 45 Auszug aus einem Memorandum des britischen Außenministers Anthony Eden vom 2. Juli 1942 über die Umsiedlung deutscher Minderheiten aus Ostmitteleuropa

I request my approval of my collegues for the general principle of the transfer to Germany of German minorities in Central an South-Eastern Europe after the war where this seems necessary and desirable, and authority to let this decision be known in appropriate cases.

Zitiert nach Brandes, Detlef: Großbritannien und seine osteuropäischen Alliierten 1939–1943. München 1988, S. 240.

M 46 Auszug aus einer Rede des Exil-Staatspräsidenten der Tschechoslowakei, Dr. Edvard Beneš, vor tschechischen Offizieren am 22. Januar 1942

Ein weiteres und brennendes Problem ist, wie wir die Deutschen loswerden sollen. Selbst glaube ich, daß es möglich sein wird, sich etwa zwei Millionen Deutscher zu entledigen. Das Problem wird sehr schwer sein. Am besten wird sein, es via facti zu erledigen, sonst durch Übereinkommen. Alle jungen Deutschen bis zu einem bestimmten Alter müssen weg.

Laštovička, Bohuslav: V Londyňě za valky [In London während des Krieges]. Prag 1961, Faksimile. Zitiert nach Dokumente zur Vertreibung der Sudetendeutschen. Hrsg. vom Sudetendeutschen Rat. München 1992, S. 48.

M 47 Ausführungen über mögliche Evakuierungsmaßnahmen: Erlebnisbericht des ehemaligen Bürgermeisters von Insterburg in Ostpreußen, Dr. Wander, Aufzeichnung vom 7. November 1952

Anfang November konnte jeder einsichtige Mensch erkennen, daß der baldige Einbruch des Feindes bis weit nach Ostpreußen nicht nur möglich, sondern wahrscheinlich war. Trotzdem verbot Gauleiter Koch weiterhin jede Planung oder Vorbereitung einer Räumung und Rettung der Bevölkerung im Falle der höchsten Gefahr. Falls die Front kleine Veränderungen erfahre, müsse eben „improvisiert" werden. Wer an dem Endsiege oder an der Festigkeit der Ostfront zweifele, sei ein Defaitist und Miesmacher, und gegen diese würde auf das Schärfste vorgegangen werden. Diese Haltung und Auffassung der höchsten Befehlsstelle der Provinz schien mir ein Verbrechen gegenüber der im Ernstfall wehrlosen Bevölkerung, und ich bin heute froh, sie nicht geachtet und ihr entgegen gehandelt zu haben.

Die Vertreibung der Deutschen aus den Gebieten östlich der Oder-Neiße. (= Dokumentation der Vertreibung der Deutschen aus Ost-Mitteleuropa, Bd. I,1). Bonn 1953, S. 14.

M 48 Augenzeugenbericht eines Sonderkorrespondenten des Genfer „Courrier" von der Ostfront, 7. November 1944

Die Zivilbevölkerung ist sozusagen aus dem umkämpften Gebiet verschwunden, denn die meisten Landbewohner sind mit ihren Familien geflohen. Mit Ausnahme einer jungen deutschen Frau und eines polnischen Arbeiters ist alles von der Roten Armee vernichtet worden. Dreißig Männer, zwanzig Frauen, fünfzehn Kinder sind in Nemmersdorf den Russen in die Hände gefallen und umgebracht worden. In Brauersdorf habe ich selbst zwei Landarbeiter französischer Herkunft gesehen, ehemalige Kriegsgefangene, die ebenfalls massakriert worden waren. Einer konnte identifiziert werden. Nicht weit davon dreißig deutsche Gefangene, die dasselbe Schicksal erlitten hatten. Ich verschone Sie mit der Schilderung der Verstümmelungen und dem entsetzlichen Anblick der Leichen auf offenem Feld. Es sind Eindrücke, die auch die lebhafteste Phantasie übersteigen.

Zitiert nach Zayas, Alfred M. de: Die Anglo-Amerikaner und die Vertreibung der Deutschen. Vorgeschichte, Verlauf, Folgen. 5. durchges. Aufl. München 1979, S. 82f.

M 49 Bericht der Bäuerin Ella Grünhagel aus Fürstenau im ostpreußischen Kreis Preußisch Holland: Flucht über das Frische Haff

Ein heftiger Kampf entbrannte um das Dorf, bei dem auch Panzer eingesetzt wurden. Am Mittag des 29. Januar riet mir ein deutscher Offizier, das Dorf sofort zu verlassen, weil es gegen die sowjetische Übermacht nicht gehalten werden könne. Ich spannte die beiden verbliebenen Pferde vor den Schlitten und verließ gegen zwei Uhr nachmittags eiligst unter direktem Beschuß der Russen mit meinen Kindern, meiner Mutter, meiner Tante und zwei weiteren Familien unser Dorf über Lauck und Seepothen, über die Passarge-Brücke nach Langwalde ins Heilsberger Dreieck. [...] In den Nächten vom 6./7. und 7./8. Februar mußten wir in der Kälte unter freiem Himmel übernachten. Am Abend des 8. Februar fuhren wir in Neu-Passarge auf das zugefrorene Frische Haff. Auf dem Eis stand knöchelhoch das eisige Wasser. In der Mitte des Haffs war eine Fahrrinne ins Eis geschlagen. Über die Rinne war ein schwimmendes Holzfloß gebaut; weniger als eine Brücke, aber man konnte hinüberfahren. Durch die eiskalte Nacht gellten die Schreie und Hilferufe der Menschen, die in der Dunkelheit in die Rinne geraten waren. Nach einer Nacht und einem Tag unter ständigen sowjetischen Fliegerangriffen erreichten wir die Nehrung. Meine Mutter und meine Tante verließen am 9. Februar um 8 Uhr morgens meinen Wagen, um sich bei der Kälte zu bewegen. Im Durcheinander der Flüchtenden verloren wir uns aus den Augen. Die Nehrung war völlig mit Flüchtlingswagen verstopft. Einsetzendes Tauwetter und Regen hatten sie unpassierbar werden lassen. Um die entkräfteten Pferde zu entlasten, wurde alles von den Wägen geworfen, was man meinte entbehren zu können. Am Straßenrand fand sich alles, von der Nähmaschine zum Speck, von der Wäsche zum Ballkleid. Die Nehrung glich einer riesigen Deponie.

„In wieviel Not hat nicht der gnädige Gott über dir Flügel gebreitet". Erinnerungen von Ella Grünhagel, unveröffentlichtes Manuskript 1999. Archiv Haus der Heimat des Landes Baden-Württemberg.

M 50 Autobiographischer Bericht des Schriftstellers Lew Kopelew (1912–1997) über den Einmarsch sowjetischer Truppen in Ostpreußen 1945, denen er als Propagandaoffizier angehörte

So vieles gab es zu durchdenken. Was geschah in Ostpreußen? War eine derartige Verrohung unserer Leute wirklich nötig und unvermeidlich - Vergewaltigung und Raub, mußte das sein? Warum müssen Polen und wir uns Ostpreußen, Pommern, Schlesien nehmen? Lenin hatte seinerzeit schon den Versailler Vertrag abgelehnt, aber dies war schlimmer als Versailles. In den Zeitungen, im Radio riefen wir auf zur heiligen Rache. Aber was für Rächer waren das, und an wem haben sie sich gerächt? Warum entpuppten sich so viele unserer Soldaten als gemeine Banditen, die rudelweise Frauen und Mädchen vergewaltigten – am Straßenrand im Schnee, in Hauseingängen; die Unbewaffnete totschlugen, alles, was sie nicht mitschleppen konnten, kaputtmachten, verhunzten, verbrannten? [...] Sinnlos – aus purer Zerstörungswut [...] Wie ist das nur alles möglich geworden?
Haben nicht wir sie so erzogen, wir, die Politarbeiter, die Journalisten, die Schriftsteller – Ehrenburg und Simonow und Hunderttausende anderer strebsamer, ehrgeiziger, aber auch begabter Agitatoren, Lehrer, Erzieher, aufrichtige Prediger der „heiligen Rache"? Wir lehrten sie hassen, überzeugten sie, daß der Deutsche schon deshalb schlecht ist, weil er Deutscher ist; wir verherrlichten den Mord in Gedichten, Prosa und Malerei. „Papa, erschlag den Deutschen!" Es gab eine Zeit, in der ich mich fast schämte, kein „persönliches Konto" erschlagener Deutscher zu haben. Wir säten Chauvinismus, verhimmelten unsere Nationalhelden von Alexander Newskij bis zu General Skobelew; über den Krieg 1914-1918 sagten wir dasselbe, was seinerzeit die chauvinistischen, antisemitischen Schwarzhunderter behauptet hatten: An allen Mißerfolgen waren die Spione und die „deutsche" Zarin schuld; wenn sie nicht gewesen wären, hätten die russischen Soldaten Berlin erobert. Über all das muß man nachdenken. Woher kam es, wohin führt es?

Kopelew, Lew: Aufbewahren für alle Zeit! Göttingen 2002, S. 16f.

M 51 Zeitzeugenbericht der Schriftstellerin L. K. aus Oberschreiberhau, Kreis Hirschberg, Niederschlesien, über den Einmarsch der Roten Armee in Niederschlesien, Frühjahr 1945

Nachts um ein Uhr schrillten die Haustürklingeln: Sofortiger Evakuierungsbefehl! Alle Frauen und Kinder haben binnen weniger Stunden den Ort zu räumen. Einem Blitzschlag gleich trifft alle vernichtend diese Nachricht. [...] Fieberhaft werden die notwendigen Dinge verpackt, man darf ja nur so wenig mitnehmen, um die Fahrzeuge nicht zu belasten. Man nimmt natürlich in der Eile und Aufregung das Verkehrteste, man kann alles noch nicht fassen.

Die Sowjets drangen in die Häuser ein, holten sich alles, was sie brauchten, alle Vorräte wurden geplündert, und immer und immer wieder erklang der Ruf nach Schnaps. Die Schaufenster waren binnen weniger Minuten Trümmerstätten, und die Waren, die nicht mitgenommen wurden, lagen zerstreut und zerfetzt auf der Straßen umher. In ihrer großen Angst hatten die Besitzer der Häuser ihre Türen vernagelt, von innen regelrechte Barrikaden gebaut. Doch nichts nützte, kein Riegel, kein Balken, die durchziehenden Soldaten öffneten jede Tür, jedes Tor, und die oft markerschütternden Schreie der Frauen und Mädchen jeden Alters ließen einem das Blut in den Adern erstarren. Überall verbargen sich die armen Frauen, unter den Betten, hinter und in den Schränken, im Heu, auf dem Speicher. Aber alle Tarnungsversuche waren vergeblich, denn jede Frau wurde gefunden, mißhandelt und dann vergewaltigt unter Bedrohung der Familienmitglieder, die einschließlich der kleinen und kleinsten Kinder im Raum Zeuge sein mußten.

Die Vertreibung der Deutschen aus den Gebieten östlich der Oder-Neiße. (= Dokumentation der Vertreibung der Deutschen aus Ost-Mitteleuropa, Band I,1). Bonn 1953, S. 462, 464.

M 52 Zeitzeugenbericht von Nechama Drober (geb. Hella Markowsky) aus Königsberg in Preußen über den Einmarsch der Roten Armee

Tage und Monate vergingen, es war schon Januar 1945. Die Sowjetarmee eroberte immer mehr Städte in Ostpreußen, und wir warteten auf unsere Befreiung. Da war wieder ein neuer Befehl, alle aus Mischehen stammende und jüdisch erzogene Mischlinge sollen den 25. Januar sich bei der Gestapo melden.

Die letzte Nacht in Königsberg auf deutschen Boden sind Rita und ich mit Familie Sodies, bei ihren Bekannten in der Mozartstrasse 6 geschlafen. Nachts war schon das Grollen von der Artillerie zu hören. Am nächsten Morgen, wir waren alle in der Fabrik im Pulverraum versammelt, kam Herr Tauber und sagte zu uns: „Euer Vater hat angerufen. Ihr sollt sofort kommen." Er sagte noch: „Mädels haut ab, bevor die Stadt geschlossen wird [...]" Ganz früh am Morgen des 28. Januar war es soweit. Die Russen waren da, worauf wir so lange gewartet haben. Die Freude war groß, aber nicht lange. Gleich sind einige Menschen erschossen worden. Vor dieser Gruppe Soldaten haben die russischen Gefangenen uns beschützt [...]. Gleich danach kamen die nächsten Soldaten, wieder sind alte Männer erschossen worden.

Dass wir Juden sind, glaubten Sie nicht. Danach wurden wir alle in einem Zimmer eingesperrt. Jemand sagte: „Sie werden das Haus anzünden." Die Panik war groß [...] Plötzlich wurde die Tür aufgerissen und Soldaten schrien „Hitler kaputt!", „Frau gib Uhr!", danach sind die Mädchen und Frauen, egal wie alt sie waren, in den Stall geschleppt und vergewaltigt worden, wovon ich auch nicht verschont geblieben bin. Jetzt sind wir Gefangene, mit uns durfte man machen, was man will. Wir sind vogelfrei: Von den Nazis haben wir uns retten können und sind dann ins neue Unglück gestürzt. Welche Enttäuschung das für uns war.

„Meine Lebensgeschichte" Teil II (2001) von Nechama Drober, geb. Hella Markowsky. Unveröffentlichtes handschriftliches Manuskript. Privatbesitz.

M 53 Erinnerungen des britischen Premierministers Winston S. Churchill über die Verhandlungen auf der Konferenz in Jalta über die „Westverschiebung Polens“

Dann [7. Februar 1945] kam ich auf den zweiten Absatz der Molotowschen Vorschläge zu sprechen und erinnerte meine Zuhörer, dass ich mich in früheren Aussprachen über die Verschiebung der polnischen Grenze nach Westen stets dahin geäußert hätte, den Polen wohl Gebiete im Westen zuzusprechen, aber nur insoweit, als sie sie selber wünschten und gut bewirtschaften könnten. Es wäre höchst bedauerlich, wenn man die polnische Gans dermaßen mit deutschem Futter mäste, dass sie an Verdauungsbeschwerden eingehe. Ein grosser Teil des britischen Volkes war von dem Gedanken, Millionen von Menschen gewaltsam umzusiedeln, ganz offen entsetzt. Ich müsse zugeben, die Entwirrung der Griechen und Türken nach dem letzten Krieg [nach 1918/1919] sei durchaus erfolgreich verlaufen, so dass die beiden Länder seither die besten Beziehungen unterhalten; doch damals habe es sich um nicht einmal eine Million Menschen gehandelt. Wenn Polen Ostpreussen und Schlesien bis zur Oder erhalte, bedeute das allein die Verpflanzung von sechs Millionen Menschen ins restliche Deutschland. Das lasse sich technisch möglicherweise machen; über die moralische Seite der Sache würde ich mich jedoch mit meiner eigenen Nation auseinander zu setzen haben. Stalin bemerkte, in diesen Gebieten befänden sich ohnehin keine Deutschen mehr, sie seien alle geflohen.

Churchill, Winston S.: Der Zweite Weltkrieg. Bd. 6, Zweites Buch: Der eiserne Vorhang. Olten, Stuttgart, Salzburg o.D., S. 39.

M 54 Ansprache des tschechoslowakischen Staatspräsidenten Dr. Edvard Beneš nach seiner Rückkehr aus dem Exil am 12. Mai 1945 in Brünn zu der auf dem Dominikanerplatz versammelten tschechischen Bevölkerung

Wir werden Ordnung machen unter uns, insbesondere auch hier in der Stadt Brünn mit den Deutschen und allen anderen (Applaus). Mein Programm ist – ich verhehle es nicht –, daß wir die deutsche Frage in der Republik liquidieren (vylikvidovat) müssen (Applaus, Rufe: „Ausgezeichnet!“). Bei dieser Arbeit werden wir alle eure Kräfte brauchen. [...]

Diese Nation [gemeint sind die Deutschen] hörte in diesem Krieg auf, überhaupt menschlich zu sein, hörte auf, etwas für Menschen Ertragbares zu sein, und erscheint uns nur noch als ein einziges menschliches Ungeheuer. Diese Nation muß für das alles eine schwere und strenge Strafe treffen.

Beneš, Edvard: „Odsun Němců z Československa“ [Der Abschub der Deutschen aus der Tschechoslowakei]. Hrsg. von Novotný, Karel. Praha 1996. Deutsche Übersetzung in: Der „Brünner Todesmarsch“ 1945. Die Vertreibung und Mißhandlung der Deutschen aus Brünn. Eine Dokumentation. Schwäbisch Gmünd 1998, S. 35f.

M 55 Zeitzeugenbericht zum „Brünner Todesmarsch“, Ende Mai 1945

In der Nacht des 30. Mai schlugen tschechische Partisanen mit Gewehrkolben auf unsere Tür und befahlen uns, innerhalb von 10 Minuten die Wohnung zu verlassen und auf die Straße zu kommen. Ich zog mir schnell 5 Kleider über, Mutter packte zum Baby in den Kinderwagen noch Brot, etwas Zucker und Marmelade, und schon trieb uns der tschechische Partisan aus der Wohnung. In den Straßen standen schon überall deutsche Frauen und Kinder und alte Männer, es bildete sich ein langer Zug, von den tschechischen Soldaten mit wüsten Beschimpfungen und oft auch mit Schlägen angetrieben. Nach endlosen Stunden wurden wir auf einem großen Hof zusammengepfercht, wo wir die Nacht verbrachten. Immer wieder kamen die Russen, holten sich Frauen und Mädchen, einige kamen nicht mehr zurück. Mutter schützte mich, indem sie sich mit dem Baby im Arm auf mich legte, so konnten mich die Russen in der Dunkelheit da nicht sehen.

Der „Brünner Todesmarsch“ 1945. Die Vertreibung und Mißhandlung der Deutschen aus Brünn. Eine Dokumentation. Schwäbisch Gmünd 1998, S. 70.

M 56 Ausweisungsschein aus Ebersdorf, Kreis Friedland (Sudetenland) vom 15. Juni 1945

Es wird Ihnen aufgetragen, sich mit der ganzen Familie bis zum 18.6.1945 10 Uhr vorm. zwecks Abreise aus dem Gebiete der ČSR vorzubereiten. Jede Person kann höchstens 30 kg Gepäck mitnehmen. Die Aufforderung zum Abgang wird noch am morgigen Tage erfolgen, vor der Aufforderung dürfen Sie die Wohnung nicht verlassen.
Ich mache Sie darauf aufmerksam, daß jedwede Beschädigung, Vernichtung und ä. des Eigentums und der Einrichtung des Haushalts sogar mit dem Tode bestraft würde. Diese Auswanderung erfolgt in voller Übereinstimmung mit dem Kommando der Russischen Armee. Die bestimmten Personen sammeln sich in Habartice vor dem Gasthaus Kretscham um 11 Uhr.

Pos. Vel. Habartice, ČSR
por. Vaneš

Die Vertreibung der deutschen Bevölkerung aus der Tschechoslowakei. (= Dokumentation der Vertreibung der Deutschen aus Ost-Mitteleuropa, Band IV,1). Bonn 1957, S. 325.

M 57 Der tschechoslowakische Präsident Dr. Edvard Beneš äußert sich in einer Rede in Pilsen zur Ausweisung der deutschen und ungarischen Bevölkerung, 16. Juni 1945

Die Regierung ist sich der Bedeutung des Verrats der Deutschen und Ungarn im Jahr 1938 wohl bewußt, und sie hat deshalb mit Recht den Beschluß gefaßt, die Republik von diesen verräterischen Elementen zu säubern. Diese Aufgabe ist sehr umfassend, und wir können sie deshalb nicht allein lösen, wir müssen im Einklang mit der Sowjetunion, Großbritannien und den Vereinigten Staaten vorgehen. Ich bezweifele keineswegs, daß es zu einem Einverständnis in der Behandlung dieses wichtigen Problems kommen wird. Es ist uns bekannt, daß die Deutschen viele Gebiete unseres Landes aus eigenem Antrieb und im Bewußtsein ihrer Schuld verlassen haben, aber in einer Reihe von Fällen hat man auch unserseits nicht korrekt gehandelt. Ich habe deshalb angeordnet, daß diese Mißstände abgestellt werden. Ich richte an euch den Appell, in dieser bedeutsamen Frage Geduld und Vernunft zu zeigen, bis das sudetendeutsche Problem in Übereinstimmung mit unseren Alliierten gelöst wird. Ich kann auch zusichern, daß dieses große Problem eine befriedigende Erledigung finden wird.

Beneš, Edvard: „Odsun Němců z Československa“ [Der Abschub der Deutschen aus der Tschechoslowakei]. Hrsg. von Novotný. Karel. Praha 1996. Deutsche Übersetzung in: Der „Brünner Todesmarsch“ 1945. Die Vertreibung und Mißhandlung der Deutschen aus Brünn. Eine Dokumentation. Schwäbisch Gmünd 1998, S. 146.

M 58 Zeitgenössische tschechische Karikatur über die Vertreibung der Sudetendeutschen

Der Sarkasmus des Karikaturisten entsprach durchaus den Gefühlen vieler Tschechen, die die Vertreibung der (Sudeten-)Deutschen begrüßten: „Das sind aber gemeine Kerle, die Tschechen, statt der schwarzen Trauerarmbinde müssen wir eine weiße tragen.“

Dikobraz, II [1946], č. 19, STR. 8. Abgedruckt in: Gleiche Bilder, gleiche Worte. Deutsche, Österreicher und Tschechen in der Karikatur (1848-1948). Ausstellungskatalog des Adalbert Stifter Vereins. München 1997, S. 269.

M 59 Befehl des Kommandos der 2. Armee der polnischen Streitkräfte über die Fortsetzung der raschen Aussiedlung der Deutschen, 24. Juni 1945

Der Befehlshaber der 12. Infanteriedivision hat mir mitgeteilt, daß die Militärkommandanten der Roten Armee in den Städten Alt Damm, Stargard und Cechen die Aussiedlung der Deutschen stören und den Deutschen verbieten, ihre Häuser zu verlassen. Ich sehe darin nur eine Behinderung in der Ausführung der Aufgaben. Man darf sich nicht in Diskussionen mit den Kommandanten einlassen und muß sie vor vollendete Tatsachen stellen. Wir siedeln die Deutschen aus polnischem Territorium aus und handeln damit im Sinne der Direktiven aus Moskau. Mit den Deutschen verfahren wir, wie sie es mit uns getan haben. Viele haben schon vergessen, wie sie unsere Kinder, Frauen und Alten behandelt haben. Die Tschechen wußten so zu handeln, daß die Deutschen von selbst aus ihrem Gebiet flohen.

Man muß seine Aufgaben auf so harte und entschiedene Weise ausführen, daß sich das germanische Ungeziefer nicht in den Häusern versteckt, sondern von selbst vor uns fliehen wird und dann im eigenen Land Gott für die glückliche Rettung seines Kopfes danken wird. Wir vergessen nicht, daß Deutsche immer Deutsche bleiben werden. Bei der Ausführung unserer Aufgabe dürfen wir nicht bitten, sondern müssen befehlen.

Der Chef des Stabes der 7. Infanteriedivision hat berichtet, daß die Division im Laufe von zwei Tagen über 40.000 Deutsche ausgesiedelt hat – wofür ich dem Befehlshaber der Division meine Anerkennung ausspreche.

Ich befehle allen Kommandierenden der Division, mit der Aussiedlung der Deutschen in ihren Regionen rücksichtslos und schnell fortzufahren.

Zitiert nach Borodzij, Włodzimierz/ Lemberg, Hans (Hrsg.): „Unsere Heimat ist uns ein fremdes Land geworden...". Die Deutschen östlich von Oder und Neiße 1945-1990. Dokumente aus polnischen Archiven. Bd. 1, Zentrale Behörden, Wojewodschaft Allenstein. Marburg 2000, Dokument 35, S. 160f.

M 60 Bericht der Zeitzeugin H. K. aus Jahnsfelde, Kreis Landsberg a. d. Warthe in Ostbrandenburg von der Enteignung und Ausweisung

Am 12. Juli 1945 wurde unser Dorf vollständig von Polen besetzt. Wir merkten bald, daß sie gekommen waren, um unsere Häuser und Höfe, unser ganzes Land und den Rest unserer Habe in Besitz zu nehmen, aber was uns weiter bevorstand, ahnten wir damals noch nicht. Auf unsern Hof kam einer aus Kongreßpolen [...] Er legte einen Schein vom polnischen Landrat aus Landsberg vor, daß unser Hof von nun an ihm gehöre. Ich kann etwas polnisch lesen, [...] war also im Bilde. Am 15. Juli 1945 sind wir mit einem Handkoffer von 30 Pfund vorgeschriebenem Gewicht, von polnischer Miliz getrieben und manchesmal um das Letzte beraubt, an die Oder gezogen. Es wurde uns gesagt, bis zu diesem Tage müßten wir rüber sein, andernfalls kämen wir nach Sibirien.

Die Vertreibung der Deutschen aus den Gebieten östlich der Oder-Neiße. (= Dokumentation der Vertreibung der Deutschen aus Ost-Mitteleuropa, Band I,2). Bonn 1953, S. 682.

M 61 Zeitzeugenbericht von Isabella von Eck aus dem Kreis Zülichau-Schwiebus in Ostbrandenburg von der Ausweisung

Drei Tage und zwei Nächte dauerte der Marsch bis Frankfurt a.d.O. durch zerstörte, gespensterhaft leere, schon vor uns von den Bewohnern geräumte Städte und Dörfer [...]. Wir schliefen im Wald; da die Polen uns die letzten Decken und Mäntel noch im Dorf genommen hatten, besaßen wir nichts, um uns zuzudecken. Wer nachts starb, wurde früh im Walde verscharrt; oft war es nicht sicher, daß sie tot waren, denn man wartete nur, bis sie sich kurze Zeit nicht bewegten. [...] An der Oderbrücke in Frankfurt angelangt, überließ man uns unserem Schicksal. Die Polen gingen zurück nach Osten. Wir schleppten unsere Säckchen über die Brücke und kamen in die überfüllte Stadt. Hunderttausende von Flüchtlingen waren angekommen, und immer neue Trecks überfluteten die Straßen. [...] es gab keine Quartiere und kein Brot für diese hilflosen Menschen, die nun obdachlos auf den Straßen blieben. Als wir ankamen, standen viele beladene Karren und Kisten an der Oderbrücke. Wir hörten, daß kurz vor unserer Ankunft dort ca. 70 Familien eines Trecks ihrem Leben ein Ende gemacht hatten, indem sie sich in die Oder stürzten, denn diese Bauern konnten den Verlust ihrer Höfe nicht fassen und begingen aus Verzweiflung Selbstmord.

Die Vertreibung der Deutschen aus den Gebieten östlich der Oder-Neiße. (= Dokumentation der Vertreibung der Deutschen aus Ost-Mitteleuropa, Band I,2). Bonn 1953, S. 687.

M 62 Auszug aus dem Potsdamer Protokoll, Art. XIII, 2. August 1945

Ordnungsgemäße Überführung deutscher Bevölkerungsteile

Die Konferenz erzielte folgendes Abkommen über die Ausweisung Deutscher aus Polen, der Tschechoslowakei und Ungarn:
Die drei Regierungen haben die Frage unter allen Gesichtspunkten beraten und erkennen an, daß die Überführung der deutschen Bevölkerung oder Bestandteile derselben, die in Polen, der Tschechoslowakei und Ungarn zurückgeblieben sind, nach Deutschland durchgeführt werden muß. Sie stimmen darin überein, daß jede derartige Überführung, die stattfinden wird, in ordnungsgemäßer und humaner Weise erfolgen soll.
Da der Zustrom einer großen Zahl Deutscher nach Deutschland die Lasten vergrößern würde, die bereits auf den Besatzungsbehörden ruhen, halten sie es für wünschenswert, daß der alliierte Kontrollrat in Deutschland zunächst das Problem unter besonderer Berücksichtigung der Frage einer gerechten Verteilung dieser Deutschen auf die einzelnen Besatzungszonen prüfen soll. Sie beauftragen demgemäß ihre jeweiligen Vertreter beim Kontrollrat, ihren Regierungen so bald wie möglich über den Umfang zu berichten, in dem derartige Personen schon aus Polen, der Tschechoslowakei und Ungarn nach Deutschland gekommen sind, und eine Schätzung über Zeitpunkt und Ausmaß vorzulegen, zu dem die weiteren Überführungen durchgeführt werden könnten, wobei die gegenwärtige Lage in Deutschland zu berücksichtigen ist.
Die tschechoslowakische Regierung, die Polnische Provisorische Regierung und der Alliierte Kontrollrat in Ungarn werden gleichzeitig von Obigem in Kenntnis gesetzt und ersucht werden, inzwischen weitere Ausweisungen der deutschen Bevölkerung einzustellen, bis die betroffenen Regierungen die Berichte ihrer Vertreter an den Kontrollausschuß geprüft haben.

Zitiert nach Zayas, Alfred M. de: Die Anglo-Amerikaner und die Vertreibung der Deutschen. 5., durchges. Auflage. München 1979, S. 255f.

M 63 Faksimile der ersten Seite der Abgangs- und Zielbahnhöfe der vom 1. Januar bis 1. November 1946 aus der Tschechoslowakei nach Bayern gekommenen 725 Eisenbahnzüge mit insgesamt 752.464 Menschen

Vollständige Liste

der vom 1. Januar bis 1. November 1946 aus dem Ausland nach Bayern eingeschleusten 725 Eisenbahnzüge mit Flüchtlingen

Datum des Grenzübertritts, Abgangs- und Zielbahnhof, Anzahl der beförderten Ausgewiesenen.

Datum des Grenzübertritts	Abgangsbahnhof	Zielbahnhof	Zahl der beförderten Ausgewiesenen
anuar			
19.	Wien	München	1 202
25.	Buda-Oers	München	718
25.	Budweis	Würzburg	1 200
26.	Graz	Pfarrkirchen	283
26.	Marienbad	Tegernsee	1 200
27.	Braunau	Ansbach	1 217
28.	Melk	Augsburg	1 585
28.	Jägerndorf	Schweinfurt	1 190
29.	Zwittau	Schwabach	1 146
30.	Reichenau	Augsburg	1 201
31.	Trübenwasser	Würzburg	1 181
		Summe	**12 123**
…uar			
1.	Jägerndorf	Regensburg	1 193
2.	Römerstadt	Schweinfurt	1 269
3.	Marienbad	Nürnberg/Lauf	1 200
10.	Wien	Regensburg	824
13.	Saaz	Schwabach	1 195
14.	Freudenthal	Augsburg	1 196
15.	Marienbad	Würzburg	1 195
17.	Mährisch-Krumau	Bayreuth	1 177
18.	Jägerndorf	Schweinfurt	1 200
19.	Bodenbach	Allach	1 083
19.	Piding	Allach	151
23.	Reichenberg	Allach	1 200
23.	Halbstadt	Schwabach	1 212
25.	Eger	Bamberg	1 196
26.	Iglau	Würzburg	1 200
26.	Saaz	Augsburg	1 197
26.	Komotau	Regensburg	1 192
27.	Kuttenplan	Bayreuth	1 205
28.	Graslitz	Nürnberg/Bamberg	1 199
		Summe	**21 284**
März			
2.	Znaim	Schweinfurt	1 200
3.	Trautenau	Schwabach	1 196
4.	Weipert	Würzburg	1 200
4.	Prachatitz	Augsburg	1 210
5.	Kuttenplan	Bamberg	1 200
6.	Neusattel	Bayreuth	1 203
6.	Zwittau	Mellrichstadt	1 196
7.	Bilin	Schweinfurt	1 117
9.	Reichenau	Bamberg/Nürnberg	1 195
10.	Budweis	Augsburg	1 202
11.	Znaim	Würzburg	1 200
11.	Tachau	Schwabach	1 200
12.	Waagstadt	Mellrichstadt	1 200
12.	Podersam	Bamberg	1 199
12.	Kleinmünchen	Nürnberg	402
13.	Marienbad	Schweinfurt	1 209
14.	Asch	Bayreuth	1 199
16.	Mähr.-Schönberg	Augsburg	1 200
17.	Nikolsburg	Allach	1 198
18.	Landskron	Regensburg	1 200
18.	Graslitz	Nürnberg/Bamberg	1 197
März			
19.	Trübenwasser	Allach	1 198
19.	Graslitz	Würzburg	1 200
20.	Komotau	Augsburg	1 201
20.	Wien	Allach	770
21.	Karlsbad	Allach	1 200
21.	Villach	Augsburg	401
23.	Halbstadt	Allach	1 200
24.	Freudenthal	Augsburg	1 203
25.	Böhmisch-Leipa	Schwabach	1 200
25.	Römerstadt	Allach	1 199
26.	Stefanau	Bayreuth	1 197
26.	Ellbogen	Mellrichstadt	1 201
26.	Wien	Allach	291
27.	Modrany	Allach	1 200
28.	Tachau	Augsburg	1 200
30.	Mißlitz	Allach	1 199
31.	Nikolsburg	Augsburg	1 200
		Summe	**42 583**
April			
1.	Joachimstal	Würzburg	1 202
1.	Brüx	Schwabach	1 199
1.	Neutitschein	Mellrichstadt	1 198
1.	Brünn	Allach	1 201
2.	Teplitz	Bamberg	1 198
2.	Eger	Allach	1 205
2.	Hof	Bayreuth	222
3.	Jägerndorf	Bayreuth	1 200
4.	Kralovice	Augsburg	1 200
4.	Mähr.-Schönberg	Allach	1 200
4.	Kaplitz	Mellrichstadt	1 200
5.	Mies	Nürnberg/Bamberg	1 200
5.	Graslitz	Allach	1 202
5.	Eisenstein	Schweinfurt	1 200
6.	Falkenau	Mellrichstadt	1 195
7.	Freudenthal	Augsburg	1 200
7.	Krumau	Allach	1 204
8.	Nikolsburg	Allach	1 200
8.	Halbstadt	Dachau	1 197
8.	Neudeck	Schwabach	1 200
8.	Tetschen	Mellrichstadt	1 204
9.	Wegscheid	Augsburg	997
9.	Jechnitz	Dachau	1 200
9.	Aussig	Allach	1 199
10.	Mislitz	Augsburg	1 202
11.	Karlsbad	Bamberg	1 202
11.	Hohenelbe	Dachau	1 200
11.	Wildenschwert	Allach	1 197
13.	Reichenau	Augsburg	1 200
13.	Tachau	Dachau	1 200
13.	Böhmisch-Leipa	Allach	1 199
13.	Kuttenplan	Dachau	1 200
14.	Jägerndorf	Dachau	1 206
14.	Neutitschein	Augsburg	1 200
15.	Mies	Allach	1 200
15.	Landskron	Mellrichstadt	1 202
15.	Zwittau	Allach	1 202

21

Prinz, Friedrich: Integration und Neubeginn. Dokumentation über die Leistung des Freistaates Bayern und des Bundes zur Eingliederung der Wirtschaftsbetriebe der Vertriebenen und Flüchtlinge und deren Beitrag zur wirtschaftlichen Entwicklung des Landes Bayern im Auftrag des Bayerischen Staatsministeriums für Arbeit und Sozialordnung. Bd. 2, Dokumente. München 1984, S. 1251.

M 64 Bericht des englischen Philosophen und Friedensforschers Bertrand Russell (1872–1970) im „New Leader“ vom 8. Dezember 1945 über die Vertreibung der deutschen Bevölkerung

Jederzeit werden Frauen und Kinder in Eisenbahnzügen zusammen getrieben, jeder nur mit einem Koffer, dessen Inhalt unterwegs meistens geraubt wird. Die Reise nach Berlin dauert viele Tage, in denen keine Nahrungsmittel verteilt werden. Viele erreichen Berlin als Tote; Kinder, die unterwegs sterben, werden aus dem Fenster geworfen.

Zitiert nach Zayas, Alfred M. de: Die Anglo-Amerikaner und die Vertreibung der Deutschen. Vorgeschichte, Verlauf, Folgen. 5. durchges. Auflage. München 1979, S. 129.

M 65 Verordnung Nr. 12330/1945 über die Umsiedlung der deutschen Bevölkerung Ungarns nach Deutschland vom 22. Dezember 1945

§ 1
Nach Deutschland umzusiedeln ist derjenige ungarische Staatsbürger verpflichtet, der sich bei der letzten Volkszählung zur deutschen Volkszugehörigkeit oder Muttersprache bekannt hat oder der seinen madjarisierten Namen wieder in einen deutsch klingenden ändern ließ, ferner derjenige, der Mitglied des Volksbundes oder einer bewaffneten deutschen Formation (SS) war.

§ 2
4) Die in den Absätzen (2) und (3) geregelte Befreiung [von der Aussiedlung] erstreckt sich auf die Ehefrau (Witwe), auf die minderjährigen Kinder (minderjährige Waisen) sowie auf die mit ihnen – auch schon vor Inkrafttreten dieser Vorordnung – im gemeinsamen Haushalt lebenden Verwandten der aufsteigenden Linie (Eltern, Großeltern).

Das Schicksal der Deutschen in Ungarn. (= Dokumentation der Vertreibung der Deutschen aus Ost-Mitteleuropa, Band II). Bonn 1956, S. 91 E.

M 66 Zeitzeugenbericht über die Zwangsaussiedlung aus Ungarn

Am 25. März 1946, um 9 Uhr morgens, kam eine Menschenmenge von 150 Seelen. Ein jeder suchte das Beste. Ich hatte ein neues Haus hingestellt vom Jahrgang 1930, und schon war ich dran. Da mußte ich feststellen, daß es sich nicht um die Schuldigen drehte, sondern um das schönste und beste Aussehen [der Besitztümer]. Als ich unerwartet die Menge sah, waren sie bei mir. Ein Partisan, Kommunistenführer und drei Polizisten und eine unzählbare Menschenmenge. Der Kommunistenführer rief: [...] „Im Namen des Gesetzes sind Sie entrechtet und enteignet.“ Er rief in die Menge hinein: „Wo ist der neue Besitzer?“ Da kamen zwei junge [Leute] heran von zwanzig bis vierundzwanzig Jahren [und] stellten sich mir gegenüber. Der Kommunistenführer sagte mir: „Sämtliche Schlüssel, die zum Haus gehören, geben Sie dem neuen Besitzer und kommen Sie mit herein.“ [...] Da kam der neue Besitzer zu mir und zischte mir ins Ohr: „Ich bedauere den Fall, aber wenn wir nicht mit hergekommen wären, so hätten wir in die Ukraine als Ansiedler gemußt, aber Kommunist bin und werde ich auch nicht, und wenn ich wieder gehen muß“. Und damit nahm er [meine] rechte [Hand].
Am nächsten Tag kam der neue Besitzer zu mir und sagte: „Kommen Sie mit mir, ich kann es nicht über das Herz bringen, wie man da gestern vorgegangen ist. Ich bin bereit, Ihnen alles zu geben, was Sie mitnehmen können. Ich durfte gestern vor denen nichts sagen“. So haben wir es auch gemacht. [...] Und Samstag ging es los in die Finsternis. Wir waren vom 20. April bis 7. Mai bald da, bald dort. Am 8. Mai mittags zwischen vier und fünf Uhr kamen wir in der Gemeinde Dahenfeld, Kreis Heilbronn, an.

Das Schicksal der Deutschen in Ungarn. (= Dokumentation der Vertreibung der Deutschen aus Ost-Mitteleuropa, Band II). Bonn 1956, S. 111–113.

M 67 Zeitzeugenbericht des Landwirts Jakob Pleesz aus Šajkaški Sveti Ivan, Bezirk Titel in der Batschka, Jugoslawien über seine Internierung im Konzentrationslager Bački Jarak (Jarek), 19. August 1947

Bački Jarak war früher eine deutschsprachige und rein evangelische Gemeinde mit rund 2000 Seelen. Sie wurde in ein großes Vernichtungslager für Deutschstämmige aus der Batschka umgewandelt. – Ich war mit meinen Dorfgenossen aus Šaj. Sv. Ivan unter den ersten, die in dieses Lager eingeliefert wurden und blieb mit einer kurzen Unterbrechung bis zur Auflösung dieses Lagers dauernd dortselbst interniert. In diesem Lager wurden hauptsächlich ältere Personen und Mütter mit kleinen Kindern [...] interniert. Die Behandlung der Lagerinsassen war seitens der Partisanen insbesondere 1945 äußerst roh. Wir hatten damals eine serbische Frau, eine Partisanin, als Lagerkommandantin. Sie trieb alte

Leute auf die Straße und befahl, das Gras mit den Fingernägeln herauszuscharren, sie schlug Männer wie Frauen wegen Kleinigkeiten. [...] Vom Roten Kreuz, von der UNRRA oder sonstigen Verbänden haben wir keinerlei Hilfe bekommen. Nur heimlich hatten uns gut gesinnte Serben [...] Lebensmittel zugesteckt. Die Verpflegung war im Lager völlig unzureichend und schlecht. Es gab lediglich geschmacklose Wassersuppen ohne Fett und vielfach ohne Salz. Fleisch gab es auch keines. Die Kranken wurden anfangs von den übrigen Lagerinsassen abgesondert, erhielten aber keine Sonderverpflegung, noch wurden sie besser behandelt. Sie lagen genauso, wie wir auf etwas Stroh auf dem Fußboden. [...] Wir hatten sehr viel Ungeziefer, hauptsächlich Läuse. Im Mai 1945 brach im Lager Typhus aus. Alle waren wir furchtbar unterernährt und völlig herabgekommen. Täglich sind in dieser Zeit 40 bis 45, einmal sogar 53 Personen gestorben. [...] Insgesamt sind vom 3.12.1944 bis zur Auflösung des Lagers am 17.4.1946 rund 9.300 Personen gestorben.

Das Schicksal der Deutschen in Jugoslawien. (= Dokumentation der Vertreibung der Deutschen aus Ost-Mitteleuropa, Band V). Bonn 1961, S. 395–397.

M 68 Brief von Josef Braunstein (geb. 1936) aus dem Kinderheim Miloševo im jugoslawischen Banat an seine Mutter Anna Braunstein in Stuttgart. Der Brief ist in deutscher Sprache mit kyrillischen Buchstaben geschrieben, 4. Januar 1949. Josef konnte am 30. März 1950 in einem Rot-Kreuz-Kindertransport zu seiner Mutter in Steinenbronn, Württemberg ausreisen [Fehler im Original]

Abschrift

Libe Muter
In anfank majnes schrajbes tajle ih mit das ih noh kesunt pin. Libe Muter ih winsche aih tes kliklihes najhes jare unt ti frelihe wajnahten unt ajn frohes widersen. Liebe Muter ih habe najhe schuhe bkomen unt a najher mandl jez krin unt najes kwan ali was im dom sajn. Libe Muter ih habe tes paket kriht fun ajh unt ih habe klajh majner schwester Resi Terezija kschickt ti helft fom paket ih habe noh kajn prif fon Rezi bekomen ject ih wajsnet op es tes paket kriht hat. Libe Muter went ir kennt mir schike: leschgumi unt henschink unt for an ti orn tas si net kalt wern. Libe Muter schraipt mir want ihr keborent saint unt es Rezi ih ter fater unt wi fil jare tas ale hen. Libe Muter ih habe noh ti filfeter tes berfin ih habs nimer ti drugarica ist fort krank no hat sie tes berfin mit-kehole aber im fleschl war nor ti helft trin ject. Libe Muter ih hab niksme cu schrajbe file krise unt khise fum ajrem khint Jozef Braunschtajn. Majne Adrese
Braunschtajn Jozef
Dečji Dom, Novo Miloševo, Beodra, Banat

Priflajn priflajn ajle tih
Majne Muter wart uf tih

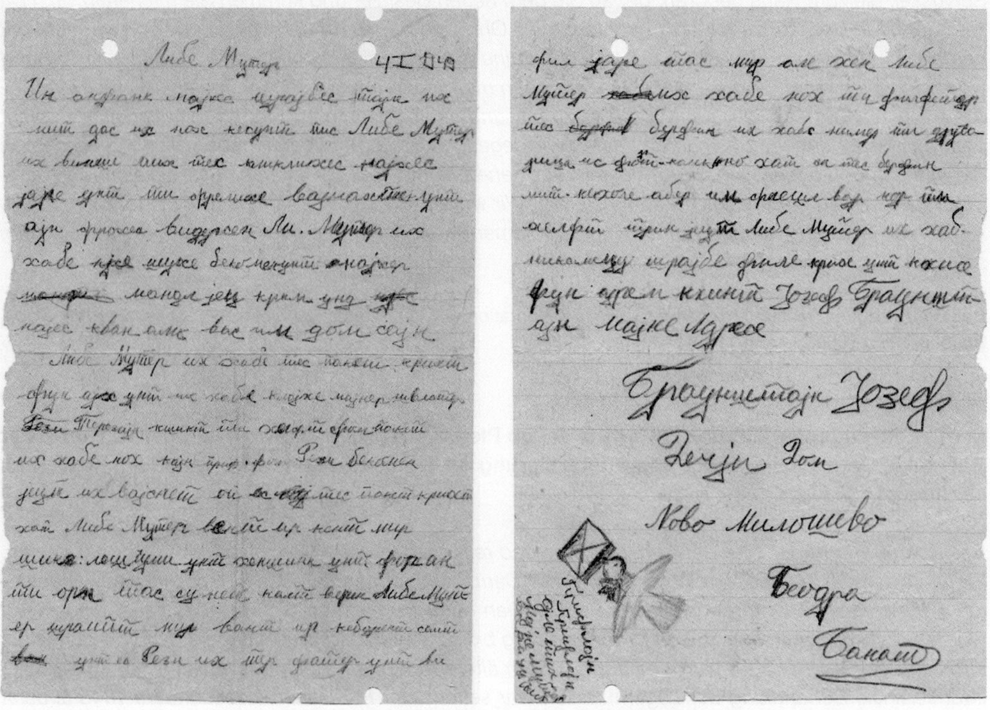

Archiv des Instituts für donauschwäbische Geschichte und Landeskunde, Tübingen

M 69 Mitteilung der Bukarester Zeitung „Timpul“ [Die Zeit] über die zur „Kriegsarbeit“ in die Sowjetunion bestimmten deutschen Arbeitskräfte, Januar 1945 (Übersetzung)

Kategorien der Staatsbürger deutscher Volkszugehörigkeit welche für die Ausübung von Kriegsarbeiten ausgehoben wurden

Eine Mitteilung vom Präsidium des Ministerrates

Das Präsidium des Ministerrates teilt folgendes mit: Da verschiedene Gerüchte im Umlauf sind, welche jeder Grundlage entbehren, wird der Bevölkerung deutscher Volkszugehörigkeit folgendes mitgeteilt: Laut Verordnung des obersten sowjetischen Kommandanten sind folgende Kategorien von Bürgern deutscher Volkszugehörigkeit ausgehoben [worden], um zu Arbeitsstätten, wo Arbeitskräfte benötigt werden, transportiert zu werden.
Männer zwischen 16 und 45 Jahren
Frauen zwischen 18 und 30 Jahren, ausgenommen derer, welche die Kinder, welche das erste Lebensjahr nicht überschritten haben, besitzen.
Nachdem sie am Bestimmungsort eingetroffen sind, werden die Familien verständigt und ermächtigt, zu schreiben und Pakete zu schicken. Die Aushebung hat provisorischen Charakter, da von notwendigen Kriegsarbeiten die Rede ist.

„Timpul“ [Die Zeit] vom 18. Januar 1945.

M 70 Zwangsumsiedlung aus dem Banat in die Bărăgan-Steppe, 1951

In der Nacht vom 17. zum 18. Juni [1951] ging es los. Gegen 2 Uhr wurde an meine Zimmertür getrommelt, ich öffnete und stand einer Gruppe von Sicherheitssoldaten gegenüber. Der Anführer war ein Offizier. Dieser forderte mich zur Legitimierung auf, blickte in eine Liste, sagte: „In Ordnung!“ und nahm mir den Ausweis und sämtliche andere Personalpapiere ab. Dann befahl er mir, mich fertigzumachen und in spätestens zwei Stunden auf dem Bahnhof zu sein. Auf meine Frage, wohin ich geschafft würde und warum man mich deportiere, zuckte er mit den Achseln. Ich war wie vor den Kopf geschlagen. Was ich mitnehmen dürfe, wollte ich wissen, als der Offizier sich zum Gehen wandte. Er rief mir im Davongehen zu: „Nimm dir nicht zu viel mit; dort wo du hinkommst, wirst du alles Nötige vorfinden“ [...] Zwei Tage lang waren wir unterwegs. [...] Niemand hatte auch nur eine Ahnung, wohin es ging. Wir fuhren an Schäßburg und Kronstadt vorüber und in den Predelpaß hinauf. Nun wußten wir: wir kamen ins rumänische Altreich oder – der Atem stockte uns – gar nach Rußland. Von Ploeşti ging`s nach Südosten in die weite, baumlose Ebene des Bărăgans hinein. [...] Man lud uns mitten in der Steppe ab, mitten im Weizen, der unter den Rädern und Hufen zertrampelt wurde. Offiziere brüllte Befehle, jede Familie erhielt eine Fläche von 7000-8000 Quadratklaftern zugewiesen. [...] Bald bot sich ein groteskes, erschütterndes Bild: in mitten der Weizensteppe türmten sich Kästen, Betten, Matratzen, Tische, Ballen, um die herum ratlose Menschen standen und den davonfahrenden Fahrzeugen nachblickten. Einige begannen sofort, den Weizen abzumähen, andere hockten stumpf herum, andere fluchten und weinten. [...] So weit man blickte, war die Steppe völlig baumlos. Wir wußten nicht, wie wir unser Essen zubereiten sollten. Auch Petroleum wurde nicht ausgeteilt. Man überlies uns einfach unserem Schicksal, und wenn wir nicht die mitgebrachten Lebensmittel gehabt hätten, wären wir schon nach wenigen Tagen verhungert.

Das Schicksal der Deutschen in Rumänien. (= Dokumentation der Vertreibung der Deutschen aus Ost-Mitteleuropa, Band III). Bonn 1957, S. 383, 385.

M 71 Europäische Bevölkerungsbewegungen 1944–1952

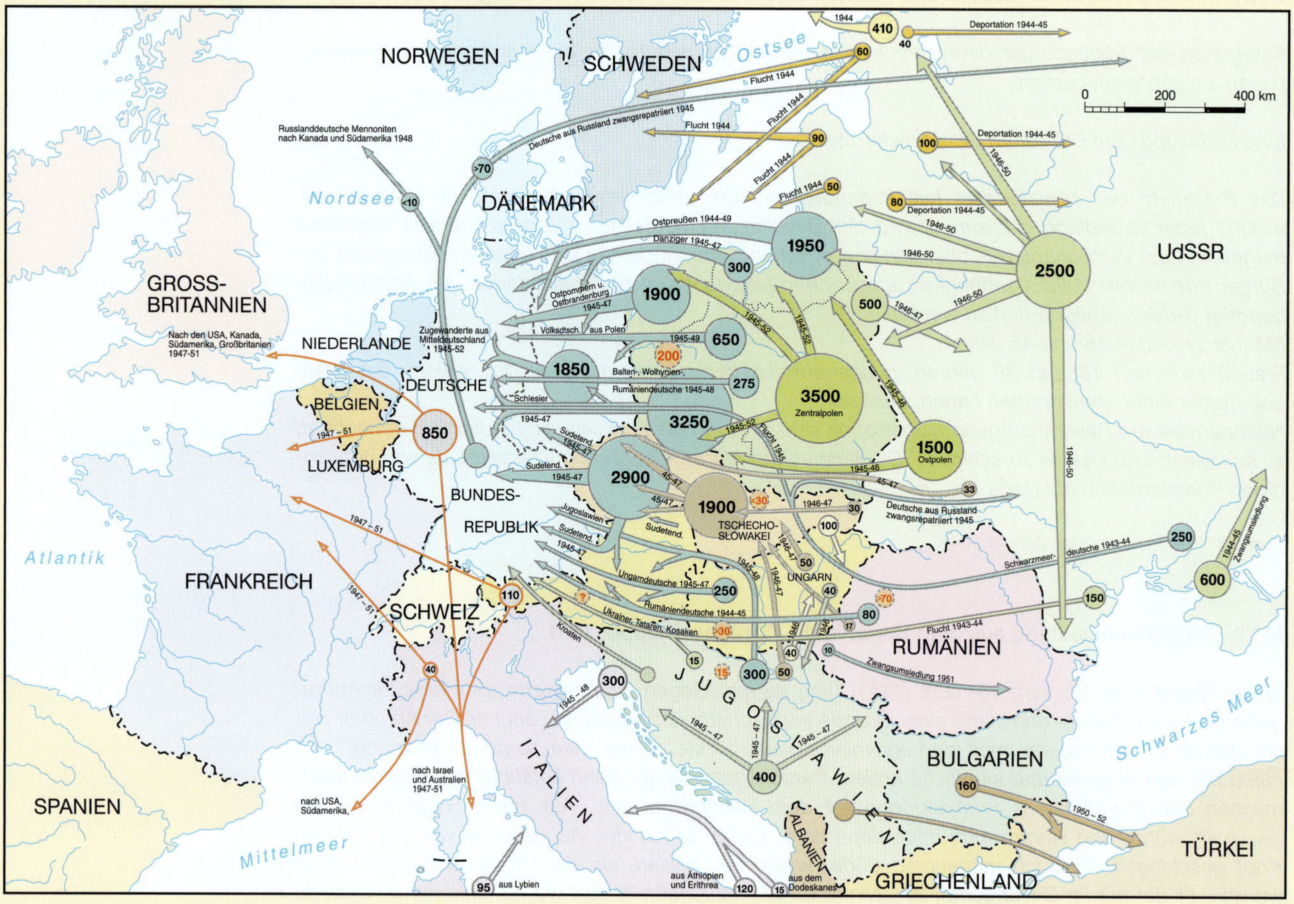

Evakuierung, Flucht, Vertreibung und Abwanderung von Deutschen aus den ostmittel-, südost- und osteuropäischen Ländern, aus den Reichsgebieten östlich der Oder und der sowjetischen Zone Deutschlands, Zwangsumsiedlung von Deutschen aus dem rumänischen Banat in die Bărăgan-Steppe

Finnische Vertriebene

Flucht von Balten vor der Roten Armee und Deportation von Balten nach der sowjetrussischen Besetzung des Baltikums

Flucht von Ukrainern, Tataren, Kosaken, Weißrussen vor der Roten Armee; Zwangsumsiedlung von Krimtataren, Kaukasiern, Kalmüken nach Einzug der Roten Armee; Umsiedlung von Ukrainern aus Polen nach der UdSSR, Ansiedlung von Russen in den baltischen Staaten, im nördlichen Ostpreußen und im ehemaligen Ostpolen

Italienische Flüchtlinge und Vertriebene aus den an Jugoslawien abgetretenen Gebieten und aus den ehemaligen italienischen Kolonien

Umgesiedelte Ungarn aus der Slowakei und Jugoslawien

Ansiedlung von Tschechen und Slowaken aus Böhmen, Mähren, Sudeten, Schlesien, der Slowakei und den Nachbarländern in den zuvor von Deutschen besiedelten Gebieten der Tschoslowakei

Umgesiedelte Kroaten, Slowenen und Serben aus Ungarn; Ansiedlung von Bosniern, Montenegriniern und Serben in den ehemals deutsch-bewohnten Gebieten Jugoslawiens

Ansiedlung von Polen in den ostdeutschen Reichsgebieten

Neuansiedlung von DP's (Russen, Balten, Polen Serben, Juden etc.) in Westeuropa, Israel und Übersee durch die IRO

Vertreibung von Türken aus Bulgarien in die Türkei

250 Zahl der Vertriebenen, Deportierten, Ansiedler in Tausend

150 Deportation von Deutschen in die Sowjetunion bis Kriegsende in Tausend

M 72 Deutsche Flüchtlinge und Vertriebene 1945–1950

Bis 1945 geschlossene deutsche Siedlungsgebiete (Reichsgebiete in den Grenzen von 1937 östlich von Oder und Neiße sowie Danzig und Sudetengebiete)

Deutsche Minderheitengebiete außerhalb der Reichsgrenzen von 1937

Flucht- und Vertreibungsrichtung (vereinfacht)

Flüchtlinge aus der sowjetischen Besatzungszone bzw. der DDR 1945 - 1961

Anteil der Vertriebenen an der Bevölkerung in der Bundesrepublik 1950, in der SBZ 1946

Anteil der Flüchtlinge an der Bevölkerung 1950 (%)

649 600 Zahl der Vertriebenen

Nachkriegsgrenzen

Ostgrenze des Deutschen Reiches vom 31. 12. 1937

Innerdeutsche Grenze DDR/ Bundesrepublik Deutschland

M 73 Anteil der deutschen Flüchtlinge und Vertriebenen in den vier Besatzungszonen aufgrund der Volkszählung vom 29. Oktober 1946

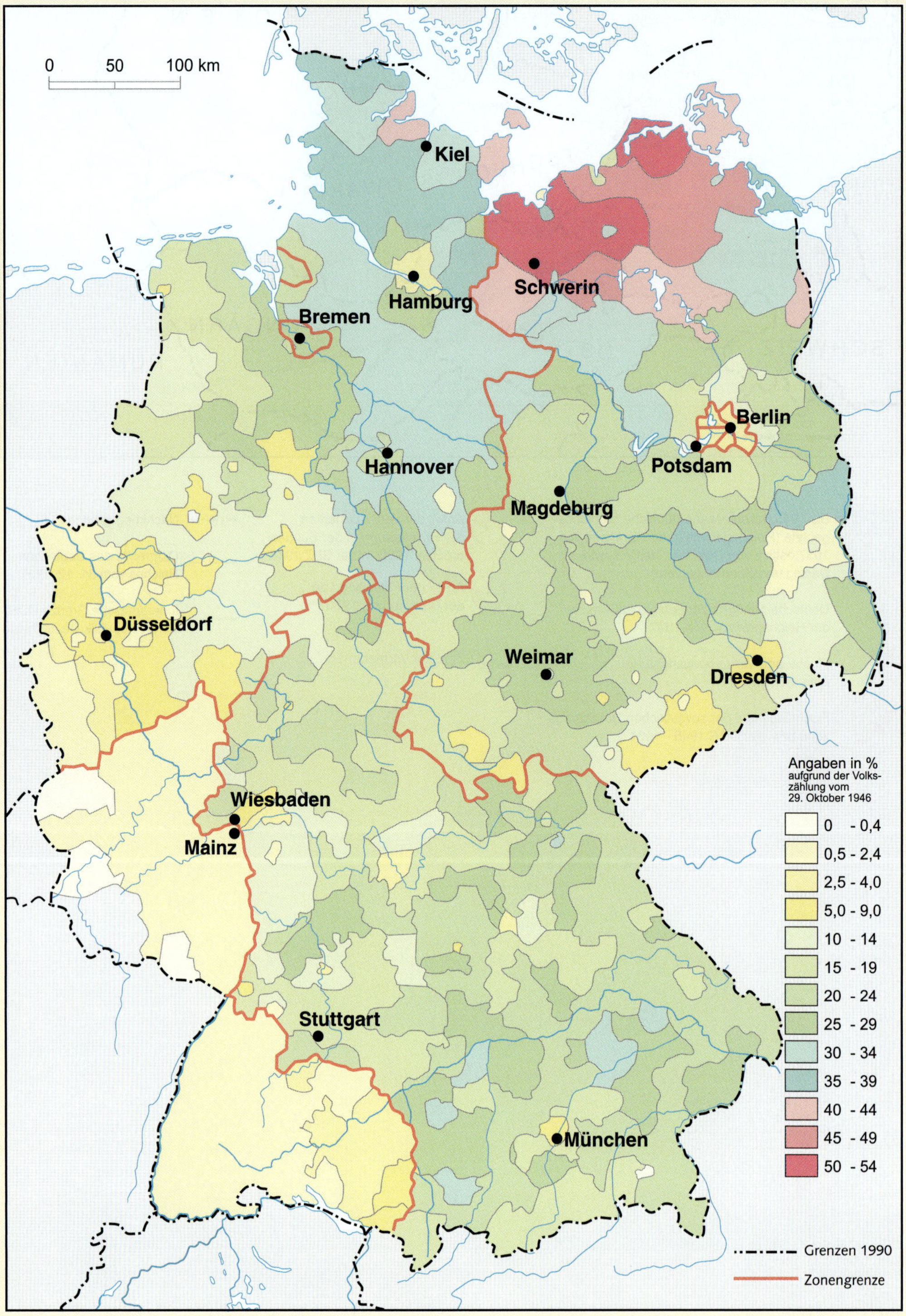

M 74 Das Mitglied des Parteivorstandes und des Zentralsekretariats der SED Paul Merker äußert sich zu den „nächsten Schritten zur Lösung des Umsiedlerproblems", Berlin [Mai/Juni 1947]

Wie steht es nun mit der Assimilierung der Umsiedler in ihrer neuen Heimat und ihrem Verwachsen mit der einheimischen Bevölkerung? Die Assimilierung ist nicht so fortgeschritten, wie es sein könnte. Viele Umsiedler sehen noch mehr nach rückwärts als nach vorwärts. Der unterschiedliche Dialekt, die Zugehörigkeit zu einer anderen Konfession, die Tatsache, daß sie vorübergehend auf die Hilfe und Unterstützung der Alteingesessenen angewiesen sind, die sich ihrerseits oftmals durch die Zuwanderer in ihren Lebensgewohnheiten eingeengt fühlen, erschweren natürlich die Assimilierung der Umsiedler. Doch diese objektiven Hindernisse können überwunden werden, wenn sich Alteingesessene und Umsiedler beiderseitig an die vorhandenen Besonderheiten gewöhnen. Aber es gibt auch künstliche Hindernisse gegen die Assimilierung, so z.B. das Treiben von Demagogen, die den Alteingesessenen einreden, die Umsiedler werden immer eine Last bleiben, und die immer wieder die Sehnsucht der Umsiedler nach der alten Heimat anstacheln, sie zu einer besonderen Klasse stempeln und ihnen jede Hoffnung auf den Aufbau einer Existenz in der neuen Heimat rauben. [...]
Es ist bekannt, daß die Sozialistische Einheitspartei Deutschlands eine Regelung der Grenzfragen wünscht und erstrebt, die auch die Interessen unseres Volkes berücksichtigt. Aber wir wenden uns dagegen, daß man unter den Umsiedlern Hoffnungen auf eine allgemeine Rückkehr in ihre alte Heimat erweckt, die nach dem Stand der Dinge unerfüllbar sind und die die Umsiedler hindert, ihre Kraft einzusetzen, sich eine neue Heimat und eine neue Existenz aufzubauen. In der sowjetischen Besatzungszone ist die geleistete politische und soziale Arbeit unter den Umsiedlern nicht ohne Wirkung geblieben. Die Einstellung unserer Partei zum Flüchtlingsproblem ist auch unter der alteingesessenen Bevölkerung verbreitet. Im allgemeinen sieht man in den Umsiedlern Mitbürger, die sich für dauernd niedergelassen haben. Viele Beispiele warmherziger Solidarität sind vorhanden. Ungeachtet dessen gibt es aber auch in der sowjetischen Besatzungszone noch Widerstände gegen die Umsiedler. Mißtrauen, Geringschätzung, Kaltherzigkeit und Bevormundung von seiten Altansässiger. Man erschwert ihre Unterbringung in Wohnungen und ihre Versorgung mit dem nötigsten Hausrat. Es gibt Beispiele, wo die Umsiedler von der kulturellen und politischen Betätigung ausgeschlossen wurden, oder man unterläßt es, sie ernstlich für dieselbe zu gewinnen. Hier sollte eine gründliche Wandlung vollzogen werden.

Merker, Paul: Die nächsten Schritte zur Lösung des Umsiedlerproblems. Hrsg. vom Zentralsekretariat der Sozialistischen Einheitspartei Deutschlands. Berlin o.J., S. 7–12.

M 75 Einschätzung der Lage der Umsiedler in Deutschland durch den Vorsitzenden der Sozialistischen Einheitspartei Deutschlands Wilhelm Pieck in einer Rede auf der 8. Tagung des Deutschen Volksrates, (Ost)Berlin, 22. Juli 1949

Es sind wohl 11 Mill. Menschen, die infolge der Grenzziehung, die von den Besatzungsmächten auf den Konferenzen von Yalta und Potsdam an der Oder und Neiße zwischen Polen und Deutschland vorgenommen wurde, ihre Heimat verloren haben. Mit ihrer Umsiedlung, die auch von den westlichen Besatzungsmächten beschlossen wurde, wurde dem übrigen Deutschland die Verpflichtung auferlegt, den Umsiedlern zu helfen, in dem verkleinerten Deutschland eine neue Heimat und wirtschaftliche Existenz zu finden. Diese Verpflichtung ist auch von der Bevölkerung in der sowjetischen Besatzungszone ehrlich erfüllt worden. Im Westen Deutschlands aber wurde den Umsiedlern nicht geholfen. Es wurde ihnen weder Land gegeben noch eine Existenz verschafft. Sie werden als Ortsfremde behandelt, und jede Gleichberechtigung wird ihnen versagt. Um nun der Empörung der Umsiedler über diese Behandlung zu steuern, sucht man sie mit der Behauptung zu betrügen, daß die Oder-Neißegrenze wieder aufgehoben wird, und sie in ihre Heimat zurückkehren werden. Das ist ein schamloser Betrug ohnegleichen. Die Leute, die das den Umsiedlern einreden, wissen, daß an dieser Grenze nichts mehr geändert wird, es sei denn, daß der Versuch dazu durch einen neuen Krieg unternommen werden sollte. Aber werden die Umsiedler durch einen neuen Krieg etwas gewinnen? Nein! Sie werden durch einen Krieg in ein noch schlimmeres Elend gestürzt werden!

Stiftung Archiv der Parteien und Massenorganisationen der DDR im Bundesarchiv, DY 16/1747. Zitiert nach Wille, Manfred (Hrsg.): Die Vertriebenen in der SBZ/DDR. Dokumente. Bd. 3: Parteien, Organisationen, Institutionen und die Umsiedler 1945-1953. Wiesbaden 1999, S. 367.

M 76 Anteil der Flüchtlinge und Vertriebenen an der Gesamtbevölkerung Baden-Württembergs 1950

M 77 Charta der deutschen Heimatvertriebenen, Stuttgart am 5. August 1950:

Im Bewußtsein ihrer Verantwortung vor Gott und den Menschen, im Bewußtsein ihrer Zugehörigkeit zum christlich-abendländischen Kulturkreis, im Bewußtsein ihres deutschen Volkstums und in der Erkenntnis der gemeinsamen Aufgabe aller europäischen Völker, haben die erwählten Vertreter von Millionen Heimatvertriebenen nach reiflicher Überlegung und nach Prüfung ihres Gewissens beschlossen, dem deutschen Volk und der Weltöffentlichkeit gegenüber eine feierliche Erklärung abzugeben, die die Pflichten und Rechte festlegt, welche die deutschen Heimatvertriebenen als ihr Grundgesetz und als unumgängliche Voraussetzung für die Herbeiführung eines freien und geeinten Europas ansehen.

Wir Heimatvertriebenen verzichten auf Rache und Vergeltung. Dieser Entschluß ist uns ernst und heilig im Gedenken an das unendliche Leid, welches im besonderen das letzte Jahrzehnt über die Menschheit gebracht hat.

Wir werden jedes Beginnen mit allen Kräften unterstützen, das auf die Schaffung eines geeinten Europas gerichtet ist, in dem die Völker ohne Furcht und Zwang leben können.

Wir werden durch harte, unermüdliche Arbeit teilnehmen am Wiederaufbau Deutschlands und Europas. Wir haben unsere Heimat verloren. Heimatlose sind Fremdlinge auf dieser Erde. Gott hat die Menschen in ihre Heimat hineingestellt. Den Menschen mit Zwang von seiner Heimat trennen, bedeutet, ihn im Geiste töten. Wir haben dieses Schicksal erlitten und erlebt. Daher fühlen wir uns berufen zu verlangen, daß das Recht auf die Heimat als eines der von Gott geschenkten Grundrechte der Menschheit anerkannt und verwirklicht wird. So lange dieses Recht für uns nicht verwirklicht ist,

M 78 Herkunft der Flüchtlinge und Vertriebenen 1950 in Baden-Württemberg nach dem Wohnsitz am 1. Sept. 1939

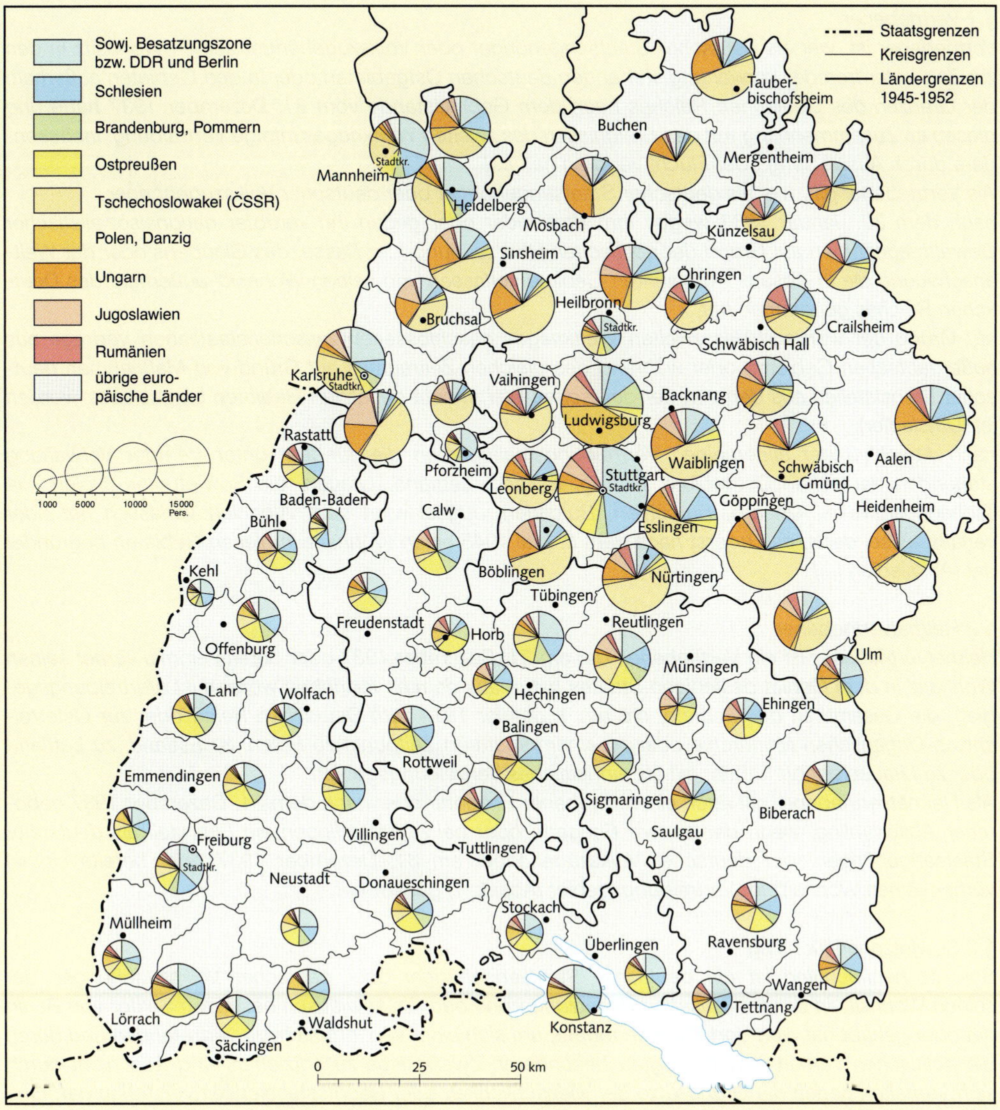

wollen wir aber nicht zur Untätigkeit verurteilt beiseite stehen, sondern in neuen, geläuterten Formen verständnisvollen und brüderlichen Zusammenlebens mit allen Gliedern unseres Volkes schaffen und wirken. Darum fordern und verlangen wir heute wie gestern:

Gleiches Recht als Staatsbürger nicht nur vor dem Gesetz, sondern auch in der Wirklichkeit des Alltags.
Gerechte und sinnvolle Verteilung der Lasten des letzten Krieges auf das ganze deutsche Volk und eine ehrliche Durchführung dieses Grundsatzes.
Sinnvollen Einbau aller Berufsgruppen der Heimatvertriebenen in das Leben des deutschen Volkes.
Tätige Einschaltung der deutschen Heimatvertriebenen in den Wiederaufbau Europas.

Die Völker der Welt sollen ihre Mitverantwortung am Schicksal der Heimatvertriebenen als der vom Leid dieser Zeit am schwersten Betroffenen empfinden. Die Völker sollen handeln, wie es ihren christlichen Pflichten und ihrem Gewissen entspricht. Die Völker müssen erkennen, daß das Schicksal der deutschen Heimatvertriebenen wie aller Flüchtlinge, ein Weltproblem ist, dessen Lösung höchste sittliche Verantwortung und Verpflichtung zu gewaltiger Leistung fordert.

Wir rufen Völker und Menschen auf, die guten Willens sind, Hand anzulegen ans Werk, damit aus Schuld, Unglück, Leid, Armut und Elend für uns alle der Weg in eine bessere Zukunft gefunden wird.

Charta der deutschen Heimatvertriebenen. Hrsg. vom Bundesministerium für Angelegenheiten der Vertriebenen. Bonn o.J., o.O.

M 79 Gesetz über die Angelegenheiten der Vertriebenen und Flüchtlinge (Bundesvertriebenengesetz – BVFG), 19. Mai 1953

§ 1 Vertriebener
Vertriebener ist, wer als deutscher Staatsangehöriger oder Volkszugehöriger seinen Wohnsitz in den zur Zeit unter fremder Verwaltung stehenden deutschen Ostgebieten oder in den Gebieten außerhalb der Grenzen des Deutschen Reiches nach dem Gebietsstande vom 31. Dezember 1937 hatte und diesen im Zusammenhang mit den Ereignissen des zweiten Weltkrieges infolge Vertreibung, insbesondere durch Ausweisung oder Flucht verloren hat. [...]
Als Vertriebener gilt, wer als deutscher Staatsangehöriger oder deutscher Volkszugehöriger nach dem 30. Januar 1933 wegen ihm drohender oder gegen ihn verübter nationalsozialistischer Gewaltmaßnahmen auf Grund der politischen Überzeugung, der Rasse, des Glaubens oder der Weltanschauung die in Absatz 1 genannten Gebiete verlassen und seinen Wohnsitz außerhalb des Deutschen Reiches genommen hat,
auf Grund der während des zweiten Weltkrieges geschlossenen zwischenstaatlichen Verträge aus außerdeutschen Gebieten oder während des gleichen Zeitraumes auf Grund von Maßnahmen deutscher Dienststellen aus den von der deutschen Wehrmacht besetzten Gebieten umgesiedelt worden ist (Umsiedler),
nach Abschluß der allgemeinen Vertreibungsmaßnahmen die zur Zeit unter fremder Verwaltung stehenden deutschen Ostgebiete, Danzig, Estland, Lettland, Litauen, die Sowjetunion, Polen, die Tschechoslowakei, Ungarn, Rumänien, Bulgarien, Jugoslawien oder Albanien verlassen hat oder verläßt, es sei denn, daß er erst nach dem 8. Mai 1945 einen Wohnsitz in diesen Gebieten begründet hat (Aussiedler) [...]

§ 2 Heimatvertriebener
Heimatvertriebener ist ein Vertriebener, der am 31. Dezember 1937 oder bereits einmal vorher seinen Wohnsitz in dem Gebiet desjenigen Staates hatte, aus dem er vertrieben worden ist (Vertreibungsgebiet); die Gesamtheit der Gebiete, die am 1. Januar 1914 zum Deutschen Reich oder zur Österreichisch-Ungarischen Monarchie oder zu einem späteren Zeitpunkt zu Polen, zu Estland, zu Lettland oder zu Litauen gehört haben, gilt als einheitliches Vertreibungsgebiet.
Als Heimatvertriebener gilt auch ein vertriebener Ehegatte oder nach dem 31. Dezember 1937 geborener Abkömmling, wenn der andere Ehegatte oder bei Abkömmlingen ein Elternteil als deutscher Staatsangehöriger oder deutscher Volkszugehöriger am 31. Dezember 1937 oder bereits einmal vorher seinen Wohnsitz im Vertreibungsgebiet (Absatz 1) gehabt hat.

§ 3 Sowjetzonenflüchtling
Sowjetzonenflüchtling ist ein deutscher Staatsangehöriger oder deutscher Volkszugehöriger, der seinen Wohnsitz in der sowjetischen Besatzungszone oder im sowjetisch besetzten Sektor von Berlin hat oder gehabt hat, von dort flüchten mußte, um sich einer von ihm nicht zu vertretenden und durch die politischen Verhältnisse bedingten besonderen Zwangslage zu entziehen, und dort nicht durch sein Verhalten gegen die Grundsätze der Menschlichkeit oder Rechtsstaatlichkeit verstoßen hat. Eine besondere Zwangslage ist vor allem dann gegeben, wenn eine unmittelbare Gefahr für Leib und Leben oder die persönliche Freiheit vorgelegen hat. Wirtschaftliche Gründe allein rechtfertigen nicht die Anerkennung als Sowjetzonenflüchtling.

Bundesgesetzblatt I, 1953, S. 201.

M 80 Bundeskanzler Helmut Kohl in der Regierungserklärung vom 1. Juni 1995 zur Integration der Vertriebenen

Es wäre doch verständlich gewesen, wenn diese Menschen sich radikalisiert hätten, wenn sie Demagogen gefolgt wären. Beispiele für solche Radikalisierung bis hin zur Gewalttätigkeit gab und gibt es ja auch heute noch in unserer Welt. [...] Die Heimatvertriebenen hatten oft Land, Haus und Hof verloren. Viele kamen ohne jegliche Habe. Aber alle brachten etwas mit, was ihnen niemand nehmen konnte: ihr Wissen, ihr Können, ihre allgemeine wie ihre spezielle berufliche Ausbildung. Das, zusammen mit dem Fleiß und dem Willen, sich wieder hochzuarbeiten, für ihre Kinder eine neue Zukunft zu schaffen, wurde zu einem gewaltigen, außerordentlichen Gewinn für den Wiederaufbau unserer deutschen Volkswirtschaft [...] Zur Integration der Vertriebenen haben der Lastenausgleich und andere Fördermaßnahmen gewiß erheblich beigetragen. Dies war ein erster großer Erfolg der Sozialen Marktwirtschaft. An einen wirklichen Ausgleich der im Osten erlittenen Verluste war nicht zu denken. Immerhin umfaßten die Leistungen in den Anfangsjahren bis zu einem Viertel des damaligen Bundeshaushalts. Auf diese solidarische Bewältigung von Kriegsfolgen können die Deutschen, wie ich denke, durchaus stolz sein.

Botschafter der Aussöhnung. Union würdigt im Bundestag Beitrag der deutschen Heimatvertriebenen zum Wiederaufbau in Deutschland und zum Frieden in Europa. Hrsg. von der CDU/CSU-Fraktion im Deutschen Bundestag. Bonn 1995, S. 12f.

M 81 Bericht der Warschauer Zeitung „Po prostu“ [Direkt] über die Situation der in ihrer oberschlesischen Heimat verbliebenen deutschen Bevölkerung

Im Gefolge der legalen Regierungsvertreter, die nach dem Kriege die Verwaltung des kriegsverheerten Landes übernahmen, fand eine Horde von Plünderern, Karrieremachern und Spekulanten den Weg in das Oppelner Land. Sie rüsteten sich zu einer wilden und zügellosen Expedition, um das goldene Vließ zu erwerben. Indem sie die Ahnungslosigkeit der Behörden und deren unbegründetes Mißtrauen gegenüber der einheimischen Bevölkerung ausnutzten und sich auch die Zeit der Umsiedlung der deutschen Bevölkerung zunutze machten, begannen sie hier einen barbarischen Raubzug. Man nahm den Einheimischen die Möbel weg, riß ihnen die Trauringe von den Händen, ergriff mit gierigen Pfoten Land, Häuser und Gärten. Auch die Namen derer, die durch Generationen Polen treu geblieben waren, wurden auf die Zwangsumsiedlungslisten gesetzt, und die Menschen wurden nach Deutschland abtransportiert, damit man sich ihr Hab und Gut aneignen konnte [...] Man gab eine behördliche Verfügung heraus, wonach die deutschklingenden Namen zwangsweise geändert wurden, und diejenigen, die sich sträubten, machte man arbeitslos. Es hat keinen Sinn, dieses zu verschweigen [...] In zahlreichen Ortschaften, in denen nach dem Kriege polnisch gesprochen wurde, spricht man heute deutsch.

„Po prostu“ [Direkt] (Warschau), Nr. 1, vom 6. Januar 1957. Abgedruckt in: Die deutschen Ostgebiete jenseits von Oder und Neiße im Spiegel der polnischen Presse. Hrsg. vom Göttinger Arbeitskreis. Würzburg 1958, S. 42f.

M 82 Brief der polnischen Bischöfe an ihre deutschen Amtsbrüder, in dem sie die deutsche Bevölkerung wegen der Vertreibung um Vergebung bitten, 18. November 1965

Die Belastung der beiderseitigen Verhältnisse ist immer noch groß und wird vermehrt durch das sogenannte „heiße Eisen“ dieser Nachbarschaft. Die polnische Westgrenze an Oder und Neiße ist, wie wir wohl verstehen, für Deutschland eine äußerst bittere Frucht des letzten Massenvernichtungskrieges – zusammen mit dem Leid der Millionen von Flüchtlingen und vertriebenen Deutschen (auf interalliierten Befehl der Siegermächte – Potsdam 1945! – geschehen). Ein großer Teil der Bevölkerung hatte diese Gebiete aus Furcht vor der russischen Front verlassen und war nach dem Westen geflüchtet. - Für unser Vaterland, das aus dem Massenmorden nicht als Siegerstaat, sondern bis zum äußersten geschwächt hervorging, ist es eine Existenzfrage (keine Frage „größeren Lebensraumes“!); es sei denn, dass man ein über 30-Millionen-Volk in den engen Korridor eines „Generalgouvernements“ von 1939 bis 1945 hineinpressen wollte – ohne Westgebiete; aber auch ohne Ostgebiete, aus denen seit 1945 Millionen von polnischen Menschen in die „Potsdamer Westgebiete“ hinüberströmen mussten. Wo sollten sie auch damals hin.

Und trotz alledem, trotz dieser fast hoffnungslos mit Vergangenheit belasteten Lage, gerade aus dieser Lage heraus, hochwürdige Brüder, rufen wir Ihnen zu: Versuchen wir zu vergessen! Keine Polemik, kein weiterer kalter Krieg, aber der Anfang eines Dialogs [...]

In diesem allerchristlichsten und zugleich sehr menschlichen Geist strecken wir unsere Hände zu Ihnen hin in den Bänken des zu Ende gehenden Konzils, gewähren Vergebung und bitten um Vergebung.

Heller, Edith: Macht Kirche Politik. Der Briefwechsel zwischen den polnischen und deutschen Bischöfen im Jahre 1965. Köln 1992, S. 211–213.

M 83 Antwort der deutschen Bischöfe an ihre polnischen Amtsbrüder

Millionen von Polen mussten aus dem Osten in die ihnen zugewiesenen Gebiete übersiedeln. Wir wissen wohl, was darum für das heutige Polen diese Gebiete bedeuten. Aber auch Millionen Deutsche mussten ihre Heimat verlassen, in der ihre Väter und Vorfahren lebten. Diese waren nicht als Eroberer in das Land gezogen, sondern im Laufe der Jahrhunderte durch die einheimischen Fürsten gerufen worden. Deshalb müssen wir Ihnen in Liebe und Wahrhaftigkeit sagen: Wenn diese Deutschen von „Recht auf Heimat“ sprechen, so liegt darin – von einigen Ausnahmen abgesehen – keine aggressive Absicht. Unsere Schlesier, Pommern und Ostpreußen wollen damit sagen, dass sie rechtens in ihrer alten Heimat gewohnt haben und dass sie dieser Heimat verbunden bleiben. Dabei ist ihnen bewusst, dass dort jetzt eine junge Generation heranwächst, die das Land, das ihren Vätern zugewiesen wurde, ebenfalls als ihre Heimat betrachtet.

Heller, Edith: Macht Kirche Politik. Der Briefwechsel zwischen den polnischen und deutschen Bischöfen im Jahre 1965. Köln 1992, S. 217.

M 84 Der polnische Regimekritiker und Literaturhistoriker Jan Józef Lipski weist 1981 auf die historischen Wurzeln hin, die das deutsch-polnische Verhältnis prägen

Wir haben uns daran beteiligt, Millionen Menschen ihrer Heimat zu berauben, von denen die einen sicherlich sich schuldig gemacht haben, indem sie Hitler unterstützten, die anderen, indem sie seine Verbrechen tatenlos geschehen ließen, andere nur dadurch, daß sie sich nicht zu dem Heroismus eines Kampfes gegen die furchtbare Maschinerie aufraffen konnten, und das in einer Lage, als ihr Staat Krieg führte. Das uns angetane Böse, auch das größte, ist aber keine Rechtfertigung und darf auch keine sein für das Böse, das wir selbst anderen zugefügt haben; die Aussiedlung der Menschen aus ihrer Heimat kann bestenfalls ein kleineres Übel sein, niemals eine gute Tat. [...]
Gleichzeitig müssen wir alles tun, was möglich ist, um von unserer Seite die besten Voraussetzungen zu schaffen für eine Versöhnung unserer Völker. Vor allem müssen wir manches in uns selbst und in unserem geschichtlichen Bewußtsein ändern, damit dieses möglich wird.

Lipski, Jan Józef: Zwei Vaterländer, zwei Patriotismen. In: Lipski, Jan Józef: Powiedzieć sobie wszystko... Eseje o sąsiedztwie polsko-niemieckim. Teksty wybrał i wstęem opatrzył Georg Ziegler [Wir müssen uns alles sagen... Essays zur deutsch-polnischen Nachbarschaft. Hrsg. und mit einem Vorwort versehen von Georg Ziegler]. Polnisch und deutsch. Gleiwitz, Warschau 1996, S. 192, 199.

Ausblick: Auf dem Weg zur Ächtung „ethnischer Säuberungen“?

M 85 Der Krieg auf dem Balkan, 1990er Jahre

Zeichnung des Karikaturisten Heinz Birg, 1995.

M 86 Genfer Flüchtlingskonvention, 1951

[Flüchtling ist eine Person...] *die aus der begründeten Furcht vor Verfolgung wegen ihrer Rasse, Religion, Nationalität, Zugehörigkeit zu einer bestimmten sozialen Gruppe oder wegen ihrer politischen Überzeugung sich außerhalb des Landes befindet, dessen Staatsangehörigkeit sie besitzt, und den Schutz dieses Landes nicht in Anspruch nehmen kann oder wegen dieser Befürchtungen nicht in Anspruch nehmen will.*

UNHCR-Basis-Information. Berlin, Oktober 2001, www.unhcr.de

Glossar

Sachbezeichnungen

Assimilation
ein zumeist von selbst, d.h. freiwillig erfolgender, häufig mit staatlichen Mitteln geförderter, in einigen Fällen aber auch gewaltsam erzwungener Prozess der Aufnahme von (ethnischen, sprachlichen, konfessionellen) Menschen (i.d.R. Minderheitenangehörige) in eine andersartige Gruppe von Menschen (i.d.R. Mehrheitsgruppe).

Displaced Persons (DP)
während des Zweiten Weltkrieges heimatlos gewordene Menschen, z.B. nach Deutschland verschleppte Zwangsarbeiter insbesondere aus den osteuropäischen Ländern, die Überlebenden der Konzentrationslager und aus ihren Heimatländern geflüchtete oder vertriebene Menschen.

Diaspora
(griechisch: „Zerstreuung"); a) Gebiet, in dem die Anhänger einer Konfession (oder Nation) gegenüber einer anderen in der Minderheit sind; b) eine konfessionelle (oder nationale) Minderheit.

Donauschwaben
der Terminus wurde 1922 in die Forschung eingeführt und setzte sich nur allmählich als Selbstbezeichnung durch. Der Begriff geht von dem Stammesnamen der Schwaben aus – obwohl die Mehrzahl der Auswanderer aus dem fränkisch-hessischen Sprachraum kamen – und bezeichnet die Nachkommen jener Deutschen, die im 18. und im frühen 19. Jahrhundert in den mittleren Donauraum ausgewandert waren. Diese Gebiete wurden zuvor von den Habsburgern in zahlreichen Feldzügen (1683–1699, 1716–1718) den Türken entrissen und dem Herrschaftsgebiet der österreichischen Monarchie einverleibt.

Ethnie, Ethnikum, ethnisch
(griechisch: Volk, Stamm); Menschengruppe mit gemeinsamen soziokulturellen Merkmalen, dem Bewusstsein einer gemeinsamen Herkunft und einem Wir-Gefühl.

„Fünfte Kolonne"
Begriff aus dem spanischen Bürgerkrieg 1936–1939, als Franco mit vier Kolonnen gegen Madrid vorrückte und von seinen Anhängern innerhalb der Stadt als fünfte unterirdisch arbeitende Kolonne unterstützt wurde; seitdem Schlagwort für innere, mit dem Feind sympathisierende und ihm Hilfe leistende Untergrundorganisationen.

Generalplan Ost
Bezeichnung der NS-Planung für die Länder Osteuropas, wonach 80–85 Prozent der Bevölkerung Polens, 64 Prozent der Bevölkerung der Westukraine und 75 Prozent der Bevölkerung Weißrusslands umgesiedelt werden sollten. Die Verbliebenen sollten germanisiert oder ermordet werden. Geplant war, innerhalb eines Jahrzehnts vier Millionen Deutsche in diesen Gebieten anzusiedeln, mindestens zehn Millionen innerhalb von 20 Jahren. Die Realisierung dieser Pläne befand sich erst im Anfangsstadium und sollte fortgeführt werden, nachdem Nazi-Deutschland den Krieg gewonnen hätte.

Genozid
(lateinisch), Völkermord; seit 1933 verwendeter Begriff, der die vollständige oder teilweise, direkte oder indirekte physische Ausrottung von nationalen, ethnischen, rassischen, religiösen oder sozialen Gruppen umfasst. Als historisches Phänomen ist Genozid von der Antike an belegt. Am 9. Dezember 1948 nahm die Generalversammlung der Vereinten Nationen einstimmig die „Konvention über die Verhütung und Bestrafung des Völkermordes" an, die den Völkermord als ein Delikt wider das Völkerrecht deklariert. Die Bundesrepublik Deutschland trat der Konvention am 9. August 1954 bei.

Germanisierung
Bezeichnung für die Umsiedlung und Vertreibung slawischer Völker aus ihrer Heimat in Ostmittel- und Osteuropa, verbunden mit der Ansiedlung von Deutschen an ihrer Stelle und die Eindeutschung von Angehörigen fremder Völker, soweit sie nach Ansicht der Nationalsozialisten rassisch einen wertvollen Bevölkerungszuwachs bedeuteten.

IRO
International Refugee Organisation [1. Juli 1947 bis 30. Juni 1950]. Nachfolgeorganisation der UNRRA. Sie unterhielt die DP-Lager und organisierte die Rückkehr der DPs in ihre Heimatländer, insbesondere aber die Auswanderung vorwiegend in die USA.

Jungtürken
politische Reformbewegung im Osmanischen Reich mit (zunächst) liberal-reformerischen, konstitutionellen und panislamischen Zielen; entstanden um 1860.

Kollaboration
(lateinisch: „mitarbeiten", „mit dem Feind zusammen arbeiten") freiwillige, gegen die Interessen des eigenen Staates gerichtete Zusammenarbeit mit dem (das Land besetzt haltenden) Feind; als politischer Begriff während des Zweiten Weltkriegs im besetzten Frankreich entstanden.

Kulacken
(russ.) Mittel- und Großbauern, die ihre Landwirtschaft mit familienfremden Arbeitskräften bewirtschaften. Im Zuge der Stalinschen Kollektivierungsmaßnahmen in der Landwirtschaft wurden sie seit 1927 als „Volksfeinde und Ausbeuter" von ihren Höfen vertrieben und innerhalb weniger Jahre als „feindliche Klasse" liquidiert.

Lastenausgleich
im Sinne der vom Deutschen Bundestag verabschiedeten Landesausgleichsgesetze von 1952 die Abgeltung von Schäden und Verlusten, die sich infolge der Vertreibungen und Zerstörungen der Kriegs- und Nachkriegszeit ergeben hatten, sowie die Milderung von Härten, die infolge der Währungsreform 1948 eingetreten waren. Zur Durchführung des Lastenausgleichs wurden Ausgleichsabgaben erhoben.

Mährischer Ausgleich
Nach einem gescheiterten Ausgleichsversuch zwischen Tschechen und Deutschen in Böhmen 1871 versuchten Vertreter beider Gruppen ab 1896 in Mähren einen modus vivendi, also Ausgleich, zu finden. Das Regelwerk, das nach neunjährigen Verhandlungen 1905 im Brünner Mährischen Landtag verabschiedet wurde, bestand aus vier Gesetzen. Sie betrafen eine Änderung der Landesordnung (Verfassung) und der Landeswahlordnung, das Schulgesetz und das Gesetz über den Sprachgebrauch bei den Behörden.

Osmanismus
integrative Ideologie, die auf lange Sicht die Ersetzung der alten Konfessionsgemeinschaften (Millets) im Osmanischen Reich durch einen säkularen und demokratisch legitimierten Territorialstaat anstrebte, in dem alle Untertanen des Sultans, unabhängig davon, welcher Religion oder ethnischen Gruppe sie angehörten, rechtlich gleichgestellte Bürger ein und desselben osmanischen Vaterlandes sein sollten.

Pogrom
(russisch: „Verwüstung"); gewalttätiges, oft bis zum Mord führendes Vorgehen aufgehetzter Massen gegen Juden, wie es im zaristischen Russland häufig mit Duldung oder Förderung offizieller Stellen praktiziert wurde. Im 20. Jahrhundert allgemeine Bezeichnung für Ausschreitungen gegen Minderheiten.

Revanchismus
(französisch) politische Einstellung, deren Ziel die Rache und Vergeltung für politische oder militärische Niederlagen ist; auch militärische Rückgewinnung verlorener Landesteile bzw. die Annullierung aufgezwungener Verträge.

SBZ
Abkürzung für Sowjetische Besatzungszone Deutschlands, auch Ostzone genannt. Später Deutsche Demokratische Republik (DDR).

Souveränität
(mittelalterl.-französisch) rechtliche Unabhängigkeit des Staates von anderen Staaten (Souveränität nach außen) sowie in der Ausübung der Staatsgewalt im Inneren des Staates (keine mediären Gewalten, die die Ausübung von Hoheitsrechten nach unten beschränken).

Spagnolen
auch *Spaniolen;* spanischsprachige Nachkommen der Juden, die 1492 Spanien verlassen mussten.

Sultanat
(arabisch-neulateinisch) sowohl Bezeichnung für das Herrschaftsgebiet eines Sultans als auch für die Herrschaft eines Sultans.

UNRRA
United Nations Relief und Rehabilitation Administration. Organisation der Vereinten Nationen zur Rückführung der DPs in ihre Heimatländer. Existierte von 1944 bis zum 30. Juni 1947. Vgl. auch IRO.

Völkerbund
die 1920–1946 bestehende internationale Organisation zur Sicherung des Weltfriedens und Wahrung der territorialen Integrität und politischen Unabhängigkeit der Mitgliedsstaaten nach dem Prinzip der kollektiven Sicherheit. Er wurde u.a. durch den Vorschlag des US-Präsidenten Wilson in seinen Vierzehn Punkten vom 8.1.1918 angeregt. Die Satzung vom 28.4.1919 (Völkerbundakte) war Bestandteil der Pariser Friedensverträge von 1919/20.

Geographische Begriffe

Altai
Gebirge zwischen dem Westsibirischen Tiefland und der Wüste Gobi (China/Mongolei), etwa 2.000 km lang, bis zu 4.506 m hoch. Der Altai gehört zu den Gebieten, in die Stalin seit 1941 Russlanddeutsche deportieren ließ.

Auschwitz
(poln. Oświęcim), Stadt in Polen, westlich von Krakau, 46.000 Einwohner. 1940 richtete die SS bei Auschwitz ein Konzentrationslager ein und erweiterte es 1941 zum Vernichtungslager.

Banat
eine rumänisch-jugoslawische Landschaft zwischen Marosch, unterer Theiß, Donau, den Südkarpaten und am Südostrand der ungarischen Tiefebene. Die Hauptstadt ist Temeswar (Timişoara). Das Banat wurde 1919 auf Rumänien (größter östlicher Teil), Jugoslawien (westlicher Teil) und Ungarn (winziger Teil im Norden) aufgeteilt. 1910 lebten im ungeteilten Banat rund 387.000 Deutsche („Banater Schwaben", ca. 24,5 Prozent der Gesamtbevölkerung).

Baranja / Baranya
Landschaft im Dreieck zwischen den beiden Flüssen Drau und Donau; vor dem Ersten Weltkrieg zur ungarischen Reichshälfte der Doppelmonarchie gehörig, kam der südliche Teil der Baranja nach dem Vertrag von Trianon 1921 an Jugoslawien. Damals lebten etwa 28.000 Deutsche in der jugoslawischen Baranja, die siedlungsgeschichtlich zur „Schwäbischen Türkei" gehört.

Batschka
Landschaft und deutsches Siedlungsgebiet zwischen Donau und Theiss. Die Batschka gehörte vor 1914 zum ungarischen Reichsteil der österreichisch-ungarischen Doppelmonarchie. Nach dem Ersten Weltkrieg wurde die Batschka geteilt, der Nordwesten blieb bei Ungarn, der größte Teil wurde dem neugegründeten Königreich der Serben, Kroaten und Slowenen (später Jugoslawien) eingegliedert. 1910 lebten in der ungeteilten Batschka 190.000 Deutsche (ca. 23,4 Prozent der Bevölkerung).

Bessarabien
Mehrheitlich von Rumänen bewohnte Landschaft zwischen Dnjestr, Pruth, Donau und Schwarzem Meer; von 1400 bis 1812 zum Fürstentum Moldau, danach russisch. Eingliederung in den großrumänischen Staat 1919; nach dem Friedensvertrag von Paris (1947) mit dem größeren nördlichen Teil als Moldauische Sowjetrepublik in die UdSSR eingegliedert, Südbessarabien an die Ukrainische SSR angeschlossen; heute Ukraine. Vor 1940 lebten in Bessarabien rund 95.000 Deutsche.

Böhmen
Das ehemalige habsburgische Kronland mit Prag als Zentrum war seit dem Mittelalter bis zum Ende des Zweiten Weltkrieges das Land zweier Völker, der Tschechen und der (Sudeten-) Deutschen. 1930 lebten rund 2,1 Mio. Deutsche (Anteil 39,65 Prozent) in Böhmen.

Bosnien
Gebiet im Norden des heutigen Staates Bosnien-Herzegowina, das zu den kleineren deutschen Siedlungsgebieten gehörte. Bis zum Ersten Weltkrieg zur österreichischen Reichshälfte der Doppelmonarchie gehörig, lebten dort 23.000 Deutsche (Volkszählung 1910).

Bukowina
auch Buchenland; Karpatenland zwischen Galizien im Norden und der Moldau im Süden. Von 1514–1769 türkisch, danach russisch, 1775–1918 österreichisch. 1919 kam die Bukowina zum Großrumänischen Königreich und wurde 1940 zwischen der UdSSR und Rumänien geteilt (bestätigt

im Friedensvertrag von Paris 1947). 1910 bekannten sich rund 169.000 Menschen der Bukowina als Deutsche, davon 95.000 mit israelitischer Konfession. Hauptstadt und kultureller Mittelpunkt war Czernowitz (heute westliche Ukraine), das 1875 die östlichste deutschsprachige Universität erhielt.

Chełmno
Ende 1941 in der Nähe von Lodz errichtetes erstes nationalsozialistisches Vernichtungslager, in das vor allem Juden aus dem Ghetto von Lodz gebracht wurden. Ende März 1943 wurde Chełmno aufgelöst und ein Teil des Lagers und die Verbrennungsöfen wurden gesprengt.

Danzig
(poln. Gdańsk); die Hafenstadt am Weichseldelta war im Mittelalter zeitweise im Besitz des Deutschen Ordens und Mitglied der Hanse. Nach dem Ersten Weltkrieg wurde die Stadt als „Freie Stadt Danzig“ mit überwiegend deutschsprachiger Bevölkerung zu einem selbständigen Staat unter den Schutz des Völkerbundes gestellt. Nach Wiedereingliederung Danzigs in das Deutsche Reich (1939) wurde die Stadt 1945 in Potsdam Polen zugeschlagen.

Dobrudscha
rumänisch-bulgarische Landschaft zwischen unterer Donau und Schwarzem Meer. Zu dem einst bunten Völker- und Konfessionsgemisch neben der rumänischen Mehrheitsbevölkerung gehörten 1930 auch rund 13.000 Deutsche.

Galizien
nördliches Karpatenvorland zwischen der oberen Weichsel und der Bukowina mit 1939: 8,5 Millionen Einwohner, darunter rund 60.000 Deutsche.

Gottschee
eine der ältesten geschlossenen Siedlungsgebiete der Deutschen in Südosteuropa, heute zu Slowenien gehörig, an der Südgrenze zu Kroatien. Vor der Umsiedlung (1942) lebten etwa 14.000 Deutsche in der Gottschee.

Jalta
Hafenstadt in der Ukraine, an der Südküste der Krim. Tagungsort der Jalta-Konferenz (4.–11. Februar 1945) mit Teilnahme des US-Präsidenten F. D. Roosevelt, des britischen Premierminister W. Churchill und des sowjetischen Diktators J. Stalin. Ziel der Konferenz war es, den Kriegseintritt der Sowjetunion gegen Japan sicherzustellen und vorhandene Differenzen zwischen den Alliierten beizulegen. Gegenstand der Verhandlungen war auch die Westverschiebung Polens durch die Annektion deutscher Gebiete.

Königsberg
in Preußen, seit 1946 russisch Kaliningrad. Hauptstadt des 1946 errichteten Oblast Kaliningrad (Russland), 419.000 Einwohner (1939: 372.000 deutsche Einwohner); Universität (gegründet 1544, 1967 neu eröffnet); entstand im Schutz der 1255 gegründeten Burg des Deutschen Ordens aus den 1724 vereinigten drei Siedlungen Königsberg (Altstadt), Löbenicht und Kneiphof; 1457–1525 Sitz des Hochmeisters des Deutschen Ordens, 1525–1618 Sitz der preußischen Herzöge, 1805–1945 Hauptstadt der preußischen Provinz Ostpreußen.

Mähren
Landschaft in Mitteleuropa, benannt nach dem Fluss March (Moravia). Im Westen durch die Böhmisch-Mährische Höhe, im Osten durch die Karpaten, im Norden durch das Altvatergebirge begrenzt, während es nach Süden Richtung Niederösterreich keine natürliche Abgrenzung gibt. Zentrum Mährens ist die Stadt Brünn (tschech. Brno). Nach der Volkszählung von 1930 lebten in Mähren 800.000 Deutsche und 2.600.000 Tschechen.

Nemmersdorf
(russ. Majakowskoje); Ortschaft im Nordosten der ehemaligen preußischen Provinz Ostpreußen. Das kleine Dorf wurde im Herbst 1944 durch einen von der deutschen Wehrmacht zurückgeschlagenen ersten Vorstoß der sowjetischen Truppen auf das deutsche Reichsgebiet bekannt; gilt seitdem als Symbol für die auf deutschem Boden begangenen Gräueltaten der Roten Armee.

Oberschlesien
Landschaft im Südosten der ehemaligen preußischen Provinz Schlesien mit der Hauptstadt Oppeln (poln. Opole), Südpolen. Der besondere Charakter Oberschlesiens bestand und besteht in der Zwei- bzw. Mehrsprachigkeit seiner Einwohner, einer Art „Schwebezustand“ zwischen tschechisch-mährisch-schlesischen, deutschen und polnischen Dialekten und dem sich in Jahrhunderten gebildeten, zeitweise wandelnden Staatszugehörigkeitsbewußtseins, das nicht immer mit der Staatssprache korrespondierte. In Oberschlesien bekennen sich bis heute mehrere Tausend Menschen als Deutsche.

Ostpreußen, südliches und nördliches
ehemalig nordöstlichster Teil des Deutschen Reiches zwischen Weichsel und Memel, der Ostsee im Norden und Rominter bzw. Johannisburger Heide im Süden. Im Potsdamer Protokoll wurde der südliche Teil Ostpreußens unter polnische Verwaltung gestellt, wo bis heute eine kleine deutschsprachige Minderheit lebt. Der nördliche Teil mit der Hauptstadt Königsberg (Kaliningrad) wurde Teil der Sowjetunion bzw. der Russischen Föderation. Seit Anfang der 1990er Jahre sind einige Tausend Russlanddeutsche aus anderen Teilen Russlands hierher zugewandert.

Podolien
historische Landschaft zwischen dem Oberlauf des südlichen Bug und dem Dnjestr, heute westliche Ukraine; vom 14. Jahrhundert bis zur Ersten Polnischen Teilung 1772 zu Polen gehörig, danach bis 1918 als östlicher Teil Galiziens zu Österreich-Ungarn. 1920 fiel der westliche Gebietsteil an Polen (bis 1939), der östliche an die Sowjetunion.

Pommern
(poln. Pomorze), historische Landschaft und ehemalige preußische Provinz beiderseits der Odermündung. 1945 wurde der westliche Teil (Vorpommern) Mecklenburg zugeschlagen (das heutige Bundesland Mecklenburg-Vorpommern); der größere östliche Teil (Hinterpommern) mit der früheren Hauptstadt Stettin kam unter polnische Verwaltung (seit 1990 endgültig zu Polen).

Pontus
(Pontus Kappadokien) historische Landschaft an der türkischen Küste des Schwarzen Meeres.

Posen
(poln. Poznań), polnische Großstadt an der mittleren Warthe; von 1793 bzw. 1815 bis 1918 preußisch.

Schlesien
(poln. Śląsk); historisches Gebiet beiderseits der oberen und mittleren Oder, gegliedert in *Oberschlesien* und *Niederschlesien*; ehemals österreichische, ab 1763 preußische Provinz. Hauptstadt und kultureller Mittelpunkt des Landes ist bis heute Breslau (poln. Wrocław). 1945 wurde Schlesien unter polnische Verwaltung gestellt; das westlich der Neiße liegende schlesische Gebiet dem Land Sachsen angegliedert.

Schwäbische Türkei
bis in die Gegenwart zum Teil erhaltenes deutsches Siedlungsgebiet mit dem Zentrum Fünfkirchen (ungar. Pécs). Nach der Verdrängung der Türken aus diesem Raum siedelten sich zunächst wieder Ungarn, aber auch Serben, dann Deutsche („Schwaben") an, die meist von magyarischen Grundherren angesiedelt worden waren. Die „Schwäbische Türkei" umfasste 1920 die Komitate Branau (Baranya), Tolnau (Tolna) und Schomodei (Somogy) und bot 233.000 Deutschen (1930) eine Heimat.

Siebenbürgen
(auch Transsilvanien); Gebiet im heutigen Rumänien, umfasst im Wesentlichen das von den Karpaten im Norden, Osten und Süden sowie dem westsiebenbürgischen Gebirge im Westen begrenzte Hochland. Das Gebiet wurde 895/896 von den Ungarn besetzt, die zur Grenzsicherung die Szekler und seit dem 12. Jahrhundert Deutsche (Siebenbürger Sachsen) ansiedelten. 1691 wurde es dem Haus Österreich unterstellt, 1867 ungarisch. Im Frieden von Trianon (1920) musste Ungarn Siebenbürgen an Rumänien abtreten. Heute lebt noch eine starke ungarische und eine kleine Minderheit von einigen Tausend Siebenbürger Sachsen in Siebenbürgen.

Slawonien
(kroatisch Slavonija); Gebiet in der Republik Kroatien, zwischen Drau und Donau im Norden und Save im Süden; seit dem Frieden von Karlowitz (1699) habsburgisch, ab 1918 zum Königreich der Serben, Kroaten und Slowenen (ab 1929 Jugoslawien). Die über 80.000 Deutschen in Kroatien (1931) lebten vor allem in Slawonien. Im Rahmen der Vernichtung und Vertreibung der deutschen Bevölkerung Jugoslawiens zwischen 1944 und 1948 endete das deutsche Kulturleben in Slawonien.

Slowenien
(slowenisch Slovenija); Staat in Mitteleuropa, grenzt im Norden an Österreich, im Nordosten an Ungarn, im Osten und Süden an Kroatien, im Südwesten an das Adriatische Meer und im Westen an Italien. Ehemaliges Herzogtum Krain, das 1282 an die Habsburger gelangte, ab 1918 Teil des neu gegründeten Königreichs der Serben, Kroaten und Slowenen (ab 1929 Jugoslawien). 1941 wurde Slowenien unter Deutschland, Italien und Ungarn aufgeteilt, nach dem Zweiten Weltkrieg als jugoslawische Teilrepublik wiederhergestellt.

Sudetenland
zu Beginn des 20. Jahrhunderts aufgekommener Sammelbegriff für die von Deutschösterreichern besiedelten Randgebiete Böhmens, Mährens und Sudetenschlesiens. Zwischen 1938–1945 offizielle

Bezeichnung für einen im Anschluss an das Münchner Abkommen eingerichteten Reichsgau Sudetenland (nicht völlig identisch mit dem deutschen Sprachgebiet in der Tschechoslowakei) mit knapp über drei Millionen Einwohnern und dem Verwaltungssitz Reichenberg (tschech. Liberec).

Syrmien
Landschaft in enger Nachbarschaft zu Slawonien, zwischen Donau und Save, mit der ehemaligen Hauptstadt Semlin (heute zu Belgrad gehörig), einst Siedlungsgebiet von rund 50.000 Deutschen (1931). Der größte Teil Syrmiens gehört heute zu Serbien bzw. zur Wojwodina, der Westteil zu Kroatien.

Warthegau bzw. Wartheland
nach dem Polenfeldzug vom nationalsozialistischen Deutschland eingerichteter Gau im besetzten Polen mit den Großstädten Posen, Gnesen (Gniezno) und Łodz (von den Nationalsozialisten zeitweise umbenannt in Litzmannstadt), benannt nach einem Nebenfluss der unteren Oder.

Westpreußen
Land beiderseits der unteren Weichsel mit der Hauptstadt Danzig; seit 1466 zum Königreich Polen, nach den polnischen Teilungen 1772/93 preußisch. 1919/20 kam der größte Teil von Westpreußen an Polen, Danzig wurde Freie Stadt; die übrigen Teile wurden Ostpreußen, Pommern und der 1922 neugebildeten Reichsprovinz Grenzmark Posen-Westpreußen angeschlossen.

Wojwodina
serbische Provinz, gebildet aus Syrmien, dem jugoslawischen Banat, der südlichen Baranja und der Batschka, mit der Hauptstadt Neusatz (Novi Sad). Bis zum Ersten Weltkrieg Teil der ungarischen Reichshälfte der Doppelmonarchie mit starken deutschen Minderheiten. 1920 an das neugegründete Königreich der Serben, Kroaten und Slowenen (später Jugoslawien) angegliedert. Nach der Volkszählung von 1991 leben die etwa 3.500 Deutschen Serbiens hauptsächlich in der Wojwodina.

Wolgarepublik bzw. Wolgagebiet
an der unteren Wolga gelegene, 28.200 qkm große ehemalige Autonome Sozialistische Sowjetrepublik (ASSR) innerhalb der Russischen Sozialistischen Föderativen Sowjetrepublik; 605.000 Einwohner (1939), Hauptstadt Engels. Seit 1763 von Zarin Katharina II. ins Land gerufen, lebten zu Beginn des Ersten Weltkriegs in Russland westlich des Urals (u.a. Schwarzmeergebiet, Baltikum, St. Petersburg) etwa 900.000 Deutsche, davon rund 350.000 Wolgadeutsche. 1924 wurde die Wolgarepublik mit deutscher Amts- und Verkehrssprache gebildet. Nach dem Angriff Deutschlands auf die Sowjetunion 1941 wurden die Wolgadeutschen kollektiv wegen angeblicher Spionage für den Feind nach Sibirien und Mittelasien deportiert, die Wolgarepublik offiziell aufgelöst.

Wolhynien
histor. Landschaft im Nordwesten der Ukraine, zwischen dem Bug und dem Tal des Dnjepr, grenzt im Süden an Podolien. Ansiedlung von Deutschen im 19. Jahrhundert; 1914 rund 200.000 Wolhyniendeutsche. Der westliche Teil Wolhyniens kam 1921 an Polen, 1939 an die Sowjetunion. Während der deutschen Besetzung wurde die jüdische Bevölkerung fast vollständig ausgerottet.

Personen

Acton, Lord
John Emerich Eduard Dalberg-Acton, Baron Acton (1869), englischer Historiker, (*1834 Neapel, †1902 Tegernsee, Bayern); 1859–1865 Mitglied des britischen Unterhauses (Liberaler), 1895-1902 Professor in Cambridge; organisierte die „Cambridge Modern History“ als Versuch einer Universalgeschichte, die die Ergebnisse der historischen Forschung durch Zusammenarbeit von Forschern aller Nationen nach dem Prinzip strengster Objektivität zusammenfassen sollte.

Atatürk
(eigentlich bis 1934 Mustafa Kemal Pascha); türkischer Staatsmann, Schöpfer der modernen Türkei, (*1881 Saloniki, †1938 Istanbul); vor dem Ersten Weltkrieg in der Jungtürkischen Bewegung; stellte sich nach der türkischen Niederlage 1919 an die Spitze der nationalen Erhebung; vertrieb 1921/22 die Griechen aus Kleinasien; beseitigte das Sultanat und das Kalifat; seit dem 29.10.1923 Präsident der Republik, führte Reformen durch (Übernahme westeuropäischer Rechtssysteme, Einehe, Lateinschrift, Hut statt Fes, Einschränkung der Religion).

Beneš, Edvard
tschechoslowakischer Politiker (*1884 Kozlány/Böhmen, †1948 Sezimovo Ústí/Böhmen); 1919 Mitbegründer der Tschechoslowakei; 1918–35 Außenminister, 1935 Staatspräsident. Im Herbst 1938

nach dem Münchner Abkommen und der Abtretung des Sudetenlandes zurückgetreten; Chef der tschechoslowakischen Exilregierung in London, 1945 wieder Staatspräsident.

Chamberlain, Neville
Arthur Neville, britischer Politiker, (*1869 Edgbaston, Birmingham, †1940 Heckfield); Führer der Konservativen, 1937 Premierminister; suchte den steigenden Ansprüchen Hitlerdeutschlands durch eine Politik des Appeasement zu begegnen und den Frieden Europas in der Sudetenkrise 1938 durch die Verhandlungen von Berchtesgaden, Godesberg und München (Münchner Abkommen) zu retten. Chamberlain musste im Mai 1940 zurücktreten.

Churchill, Winston
Sir (1953) Winston Spencer, britischer Politiker und Schriftsteller, (*1874 Blenheim Palace, †1965 London); ab 1910 Innenminister, 1924 ins Unterhaus gewählt, 1924–1929 Schatzkanzler. Churchill warnte seit 1932 vor einem Deutschland unter Hitler und geriet damit in Opposition zur Beschwichtigungspolitik Chamberlains. 1940–1945 Premierminister. Während der Potsdamer Konferenz musste er zurücktreten, als seine Partei die Unterhauswahl verlor. Als Oppositionsführer inspirierte er die Gründungen der NATO und des Europarats. 1951–1955 erneut Premierminister. 1953 Nobelpreis für Literatur; 1956 Karlspreis.

Hitler, Adolf
deutscher Politiker und Diktator, (*1889 Braunau am Inn in Österreich; †1945 Berlin) war ab 1921 „Führer" der NSDAP, ab 1933 Reichskanzler, ab 1934 als „Führer und Reichskanzler" zugleich Regierungschef und Staatsoberhaupt des Deutschen Reichs. Er errichtete in Deutschland die nationalsozialistische Diktatur des „Dritten Reiches", ließ alle Oppositionsparteien verbieten und politische Gegner verfolgen, entfesselte den Zweiten Weltkrieg und betrieb die systematische Entrechtung und Ermordung von Millionen europäischer Juden und anderer Bevölkerungsgruppen.

Koch, Erich
deutscher Politiker, (*1896 Elberfeld, †1986 Barczewo/Wartenburg); NS-Gauleiter von Ostpreußen; 1941–1944 Reichskommissar für die Ukraine; war aktiv an der dortigen Unterdrückung der Bevölkerung und der Judenverfolgung beteiligt; ab 1949 in polnischer Haft, 1959 zum Tode verurteilt und dann zu lebenslanger Haft begnadigt.

Nansen, Fridtjof
norwegischer Polarforscher, Zoologe und Staatsmann (*1861 Store-Fröen bei Oslo, †1930 Lysakar); leitete 1918 die Rückkehr der Kriegsgefangenen aus Russland, bekämpfte 1921–1923 die Hungersnot in der Sowjetunion, war 1921–1930 Völkerbundskommissar für Flüchtlingsfragen und erhielt 1922 den Friedensnobelpreis.

Rothfels, Hans
deutscher Historiker, (*1891 Kassel, †1976 Tübingen); 1926–1934 Professor in Königsberg/Preußen, 1940–1945 Professor in Providence (USA), 1946–1956 in Chicago, 1951–1960 in Tübingen; Mitgründer des Instituts für Zeitgeschichte in München und des Max-Planck-Instituts für Geschichtswissenschaft in Göttingen. Mitbearbeiter der „Dokumentation der Vertreibung der Deutschen aus Ost-Mitteleuropa (1953–1962)".

Stalin, Josef
sowjetischer Politiker und Diktator, (*1879 Gori, †1953 Kunzewo; heute zu Moskau), 1922 Generalsekretär des Zentralkomitees der Kommunistischen Partei. Ab 1927 unumschränkter Diktator, sicherte er seine Macht durch rücksichtslose Vernichtung seiner vermeintlichen und tatsächlichen politischen Gegner und deportierte Millionen von Sowjetbürgern in Gulag-Konzentrationslager. Die durch ihn vorangetriebene Zwangskollektivierung führte insbesondere in der Ukraine und an der Wolga zu Hungersnöten mit mehreren Millionen Opfern.

Tito, Josip Broz
jugoslawischer Politiker, (*1892 Kumrovec; †1980 Ljubljana), Ministerpräsident und Staatspräsident Jugoslawiens bis 1980. Seit 1937 Generalsekretär der KPJ, organisierte er seit 1941 in Jugoslawien den Partisanenkampf gegen die deutsche und italienische Besatzung; wurde 1943 Vorsitzender des „Antifaschistischen Rates der Nationalen Befreiung"; ab 1945 Ministerpräsident und Verteidigungsminister, 1953 Staatspräsident. Nach Abkehr vom Stalinismus 1948 verfolgte Tito einen eigenen Weg zum Sozialismus; innenpolitisch weithin anerkannte Integrationsfigur, in der internationalen Politik einer der Wortführer der blockfreien Staaten.

Literatur

Einführende Literatur

Boockmann, Hartmut (Hrsg.): Deutsche Geschichte im Osten Europas. Begr. von Werner Conze. 10 Bände. Berlin 1992–1999.

Hobsbawm, Eric J.: Das Zeitalter der Extreme. Weltgeschichte des 20. Jahrhunderts. München, Wien 1995.

Kühnhardt, Ludger: Die Flüchtlingsfrage als Weltordnungsproblem. Massenzuwanderungen in Geschichte und Politik. Wien 1984.

Mazower, Mark: Der dunkle Kontinent. Europa im 20. Jahrhundert. Berlin 2000.

Radkau, Verena u.a. (Hrsg.): Genozide und staatliche Gewaltverbrechen im 20. Jahrhundert. Innsbruck, München 2004.

Schieder, Theodor (Hrsg.): Handbuch der europäischen Geschichte, Bd. 7,1 und 7,2. 3. Aufl. Stuttgart 1996.

Wehler, Hans-Ulrich: Deutsche Gesellschaftsgeschichte. 5 Bde. München 1987, 1995, 1996, 2003.

Winkler, Heinrich August: Der lange Weg nach Westen. 2 Bde. München 2000.

Historische Atlanten

Großer Historischer Weltatlas. Dritter Teil: Neuzeit. Hrsg. vom Bayerischen Schulbuchverlag. München 1991.

Hilgemann, Werner/ Kinder, Hermann: dtv-Atlas Weltgeschichte. Von den Anfängen bis zur Gegenwart. Sonderausgabe München 2000.

Magocsi, Paul Robert: Historical Atlas of East Central Europe. From the fifth Century to Present. Überarb. und erw. Auflage. London 2002.

Putzger. Historischer Weltatlas. Hrsg. von Ernst Bruckmüller. 103. Aufl. Berlin 2002.

Nation, Nationalstaat, Nationalismus

Anderson, Benedict: Die Erfindung der Nation. Zur Karriere eines folgenreichen Konzepts. Erw. Neuauflage. Frankfurt am Main, New York 1996.

Beer, Mathias (Hrsg.). Auf dem Weg zum ethnisch reinen Nationalstaat? Europa in Geschichte und Gegenwart. Tübingen 2004.

Dann, Otto (Hrsg.): Nation und Nationalismus in Deutschland 1770-1990. 3. überarb. und erw. Auflage. München 1996.

Deutsch, Karl-Wolfgang: Nationenbildung – Nationalstaat – Integration. Düsseldorf 1972.

Hobsbawm, Eric J.: Nationen und Nationalismus. Mythos und Realität seit 1789. Frankfurt am Main 1991.

Kunze, Rolf U.: Nation und Nationalismus. Darmstadt 2005.

Langewiesche, Dieter: Nation, Nationalismus, Nationalstaat in Deutschland und Europa. München 2000.

Schulze, Hagen: Staat und Nation in der europäischen Geschichte. 2. durchges. Auflage. München 1995.

Wehler, Hans-Ulrich: Nationalismus. Geschichte, Formen, Folgen. München 2001.

Weidinger, Dorothea: Nation, Nationalismus, Nationale Identität. Hrsg. von der Bundeszentrale für politische Bildung. Bonn 1999.

Zum Verhältnis von Mehrheit und Minderheit im Nationalstaat

Bamberger-Stemmann, Sabine: Der Europäische Nationalitätenkongress 1925–1938. Nationale Minderheiten zwischen Lobbyistentum und Großmachtinteressen. Marburg 2000.

Heckmann, Friedrich: Ethnische Minderheiten, Volk und Nation. Soziologie inter-ethnischer Beziehungen. Stuttgart 1992.

Jaworski, Rudolf/ Wojciechowski, Marian (Hrsg.): Deutsche und Polen zwischen den Kriegen. Minderheitenstatus und „Volkstumskampf" im Grenzgebiet. Amtliche Berichterstattung aus beiden Ländern 1920–1939. 2 Bände. München u.a. 1997.

Lemberg, Hans (Hrsg.): Ostmitteleuropa zwischen den beiden Weltkriegen (1918–1939). Stärke und Schwäche der neuen Staaten, nationale Minderheiten. Marburg an der Lahn 1997.

Scheuermann, Martin: Minderheitenschutz contra Konfliktverhütung? Die Minderheitenpolitik des Völkerbundes in den zwanziger Jahren. Marburg an der Lahn 2000.

Sundhaussen, Holm/ Ther, Philipp (Hrsg.): Nationalitätenkonflikte im 20. Jahrhundert. Ursachen von inter-ethnischer Gewalt im Vergleich. Wiesbaden 2001.

Umsiedlungen in der europäischen Geschichte des 20. Jahrhunderts

Aly, Götz: Endlösung. Völkerverschiebung und der Mord an den europäischen Juden. Frankfurt am Main 1995.

Bade, Klaus J.: Europa in Bewegung. Vom späten 18. Jahrhundert bis zur Gegenwart. München 2000.

Dahlmann, Dittmar/ Hirschfeld, Gerhard (Hrsg.): Lager, Zwangsarbeit, Vertreibung und Deportation. Dimensionen der Massenverbrechen in der Sowjetunion und in Deutschland 1933 bis 1945. Essen 1999.

Grulich, Rudolf: „Ethnische Säuberung" und Vertreibung als Mittel der Politik im 20. Jahrhundert. Eichstätt 1998.

Kulischer, Eugene M.: Europe on the Move. War and Population Changes 1917–1949. New York 1948.

Lemberg, Hans: „Ethnische Säuberungen". Ein Mittel zur Lösung von Nationalitätenproblemen? In: Aus Politik und Zeitgeschichte B 46 (1992), S. 27–38.

Marrus, Michael R.: The Unwanted European Refugees in the Twentith Century. Oxford/New York 1985.

Naimark, Norman M.: Flammender Hass. Ethnische Säuberungen im 20. Jahrhundert. Aus dem Amerikanischen. München 2004.

Oltmer, Jochen: Migration und Politik in der Weimarer Republik. Göttingen 2005.

Schechtman, Joseph B: European Population Transfers 1939-1945. New York 1946.

Schechtman, Joseph B.: Postwar Population Transfers in Europe 1945–1955. Philadelphia 1962.

Sundhaussen, Holm: Die Ethnisierung von Staat, Nation und Gerechtigkeit. Zu den Anfängen nationaler „Homogenisierung" im Balkanraum. In: Beer, Mathias (Hrsg.): Auf dem Weg zum ethnisch reinen Nationalstaat? Europa in Geschichte und Gegenwart. Tübingen 2004, S. 69–90.

Umsiedlung, Flucht und Vertreibung der Deutschen

Aust, Stefan/ Burgdorff, Stefan (Hrsg.): Die Flucht. Über die Vertreibung der Deutschen aus dem Osten. Stuttgart 2002.

Benz, Wolfgang (Hrsg.): Die Vertreibung der Deutschen aus dem Osten. Ursachen, Ereignisse, Folgen. Zweite Aufl. Frankfurt am Main 1995.

Bömelburg Hans-Jürgen (Hrsg.): Vertreibung aus dem Osten. Deutsche und Polen erinnern sich. Olsztyn 2000.

Borodziej, Włodzimierz/ Lemberg, Hans: „Unsere Heimat ist uns ein fremdes Land geworden..." Die Deutschen östlich von Oder und Neiße 1945–1950. Dokumente aus polnischen Archiven. 4 Bde. Marburg an der Lahn 2000, 2003 und 2004.

Brandes, Detlef/ Ivaničková, Edita; Pešek; Jiří (Hrsg.): Erzwungene Trennung: Vertreibungen und Aussiedlungen in und aus der Tschechoslowakei 1938–1947 im Vergleich mit Polen, Ungarn und Jugoslawien. Essen 1999.

Brandes, Detlef: Der Weg zur Vertreibung 1938–1945. Pläne und Entscheidungen zum ‚Transfer' der Deutschen aus der Tschechoslowakei und aus Polen. München 2001.

Dokumentation der Vertreibung der Deutschen aus Ost-Mitteleuropa. In Verbindung mit Werner Conze, Adolf Diestelkamp, Rudolf Laun, Peter Rassow und Hans Rothfels, bearbeitet von Theodor Schieder. Hrsg. vom Bundesministerium für Vertriebene, Flüchtlinge und Kriegsgeschädigte. Bonn 1953–1962. Ndr. München 1984, Augsburg 1993 und 1994 sowie München 2004.
Bd. I,1–2: Die Vertreibung der deutschen Bevölkerung aus den Gebieten östlich der Oder-Neiße. Bonn 1953.
Bd. I,3: Die Vertreibung der deutschen Bevölkerung aus den Gebieten östlich der Oder-Neiße. Polnische Gesetze und Verordnungen 1944–1955. Bonn 1960.
Bd. II: Das Schicksal der Deutschen in Ungarn. Bonn 1956.
Bd. III: Das Schicksal der Deutschen in Rumänien. Bonn 1957.
Bd. IV,1–2: Die Vertreibung der deutschen Bevölkerung aus der Tschechoslowakei. Bonn 1957.
Bd. V: Das Schicksal der Deutschen in Jugoslawien. Bonn 1961.
1. Beiheft: Ein Tagebuch aus Pommern 1945-1946. Aufzeichnungen von Käthe von Normann. Bonn 1955.
2. Beiheft: Ein Tagebuch aus Prag 1945-1946. Aufzeichnungen von Margarete Schell. Bonn 1957.
3. Beiheft: Ein Bericht aus Ost- und Westpreußen. Aufzeichnungen von Hans Graf von Lehndorff. Bonn 1960.
Ortsregister, Bonn o.J. [1962].

Engelhardt, Michael von: Lebensgeschichte und Gesellschaftsgeschichte: Biographieverläufe von Heimatvertriebenen des Zweiten Weltkriegs. München 2001.

Flucht und Vertreibung. Europa zwischen 1939 und 1948. Mit einer Einleitung von Arno Surminski. Hamburg 2004.

Franzen, K. Erik: Die Vertriebenen. Hitlers letzte Opfer. Mit einer Einführung von Hans Lemberg. München 2001.

Hecker, Helmut: Die Umsiedlungsverträge des deutschen Reiches während des Zweiten Weltkrieges. Hamburg 1971.

Henke, Josef: Flucht und Vertreibung der Deutschen aus ihrer Heimat im Osten und Südosten 1944–1947. In: Aus Politik und Zeitgeschichte, B 23 (1985), S. 15–34.

Knopp, Guido: Die große Flucht: Das Schicksal der Vertriebenen. München 2001.

Krallert-Sattler, Gertrud: Kommentierte Bibliographie zum Flüchtlings- und Vertriebenenproblem in der Bundesrepublik, in Österreich und in der Schweiz. Wien 1989.

Leidensweg der Deutschen im kommunistischen Jugoslawien. Hrsg. von der Donauschwäbischen Kulturstiftung. 4 Bände. München, Sindelfingen 1992–1994.

Nitschke, Bernadetta: Vertreibung und Aussiedlung der deutschen Bevölkerung aus Polen 1945 bis 1949. München 2003.

Schlögel, Karl: Die Mitte liegt ostwärts. Europa im Übergang. München, Wien 2002.

Staněk, Tomáš: Verfolgung 1945. Die Stellung der Deutschen in Böhmen, Mähren und Schlesien außerhalb der Lager und Gefängnisse. Wien u.a. 2002.

Thum, Gregor: Die fremde Stadt. Breslau 1945. Berlin 2003.

Tóth, Ágnes: Migrationen in Ungarn 1945–1948. Vertreibung der Ungarndeutschen, Binnenwanderungen und slowakisch-ungarischer Bevölkerungsaustausch. München 2001.

Vertreibung und Vertreibungsverbrechen. Bericht des Bundesarchivs vom 28. Mai 1974. Archivalien und ausgewählte Erlebnisberichte. Bonn 1989.

Zayas, Alfred Maurice de: Die Anglo-Amerikaner und die Vertreibung der Deutschen. Vorgeschichte, Verlauf, Folgen. Überarb. und erg. Taschenbuchausgabe. München 1980.

Die Folgen

Bade, Klaus J. (Hrsg.): Neue Heimat im Westen. Vertriebene, Flüchtlinge, Aussiedler. Münster 1990.

Beer, Mathias (Hrsg.): Zur Integration der Flüchtlinge und Vertriebenen im deutschen Südwesten nach 1945. Bestandsaufnahme und Perspektiven der Forschung. Sigmaringen 1994.

Brelie-Lewien, Doris von der/ Grebing, Helga/ Schulze, Rainer (Hrsg.): Flüchtlinge und Vertriebene in der westdeutschen Nachkriegsgeschichte. Bilanzierung der Forschung und Perspektiven für die künftige Forschungsarbeit. Hildesheim 1987.

Cornelißen, Christoph/ Holec, Roman/ Pešek, Jiří (Hrsg.): Diktatur – Krieg – Vertreibung. Erinnerungskulturen in Tschechien, der Slowakei und Deutschland seit 1945. Essen 2005.

Frantzioch, Marion: Die Vertriebenen. Hemmnisse, Antriebskräfte und Wege ihrer Integration in der Bundesrepublik Deutschland. Berlin 1987.

Grosser, Thomas/ Schraut, Sylvia (Hrsg.): Flüchtlinge und Heimatvertriebene in Württemberg-Baden nach dem Zweiten Weltkrieg. Dokumente und Materialien zu ihrer Aufnahme und Eingliederung. 3 Bde. Mannheim 1998–2001.

Hirsch, Helga: Schweres Gepäck. Flucht und Vertreibung als Lebensthema. Hamburg 2004.

Hoffmann, Dierk u.a. (Hrsg.): Vertriebene in Deutschland: Interdisziplinäre Ergebnisse und Forschungsperspektiven. München 2000.

Lehmann, Albrecht: Im Fremden ungewollt zuhaus : Flüchtlinge und Vertriebene in Westdeutschland 1945–1960. München 1991.

Lemberg, Eugen/ Edding, Friedrich (Hrsg.): Die Vertriebenen in Westdeutschland. Ihre Eingliederung und ihr Einfluß auf Gesellschaft, Wirtschaft, Politik und Geistesleben. 3 Bde. Kiel 1959.

Lemberg, Hans (Hrsg.): Im geteilten Europa: Tschechen, Slowaken und Deutsche und ihre Staaten 1948–1989. Für die deutsch-tschechische und deutsch-slowakische Historienkommission. Essen 1998.

Rautenberg, Hans-Werner: Die Wahrnehmung von Flucht und Vertreibung in der deutschen Nachkriegsgeschichte bis heute. In: Aus Politik und Zeitgeschichte B 53 (1997), S. 34–46.

Reichling, Gerhard: Die deutschen Vertriebenen in Zahlen. 2 Teile. Bonn 1986, 1989.

Schraut, Sylvia/ Thomas Grosser (Hrsg.): Die Flüchtlingsfrage in der deutschen Nachkriegsgesellschaft. Mannheim 1996.

Schuster, Hans-Werner (Hrsg.) : Deportation der Südostdeutschen in die Sowjetunion 1945–1949. München 1999.

Schwartz, Michael: Vertriebene und „Umsiedlerpolitik". Integrationskonflikte in der deutschen Nachkriegs-Gesellschaft und die Assimilationsstrategien in der SBZ/DDR 1945-1961. München 2004.

Stickler, Matthias: „Ostdeutsch heißt Gesamtdeutsch". Organisation, Selbstverständnis und Heimatpolitische Zielsetzungen der deutschen Heimatvertriebenenverbände 1949–1972. Düsseldorf 2004.

Ther, Philipp: Deutsche und Polnische Vertriebene. Gesellschaft und Vertriebenenpolitik in der SBZ/DDR und in Polen 1945–1956. Göttingen 1998.

Wille, Manfred/ Hoffmann, Johannes/ Meinicke, Wolfgang (Hrsg.): Sie hatten alles verloren: Flüchtlinge und Vertriebene in der Sowjetischen Besatzungszone Deutschlands. Wiesbaden 1993.

Wille, Manfred (Hrsg.): Die Vertriebenen in der SBZ, DDR. Dokumente. 3 Bde. Wiesbaden 1996, 1999, 2003.

Ausblick

Bingen, Dieter u.a. (Hrsg.): Vertreibungen europäisch erinnern? Historische Erfahrungen – Vergangenheitspolitik – Zukunftskonzeptionen. Wiesbaden 2003.

Brumlik, Micha: Wer Sturm sät. Die Vertreibung der Deutschen. Berlin 2005.

Cornelißen, Christoph/ Holec, Roman/ Pešek, Jiří (Hrsg.): Diktatur – Krieg – Vertreibung. Erinnerungskulturen in Tschechien, der Slowakei und Deutschland seit 1945. Essen 2005.

Boden, Martina: Nationalitäten, Minderheiten und ethnische Konflikte in Europa. Ursprünge, Entwicklungen, Krisenherde. Ein Handbuch. München 1993.

Ludwig, Klemens: Ethnische Minderheiten in Europa. Ein Lexikon. München 1995.

Mommsen, Margareta (Hrsg.): Nationalismus in Osteuropa. Gefahrvolle Wege in der Demokratie. München 1992.

Oswald, Ingrid: Nationalitätenkonflikte im östlichen Teil Europas. Hrsg. von der Landeszentrale für politische Bildungsarbeit. Berlin 1993.

Zülich, Tilman (Hrsg.): „Ethnische Säuberung" – Völkermord für „Großserbien". Eine Dokumentation der Gesellschaft für bedrohte Völker. Hamburg, Zürich 1993.

Literarische Werke

Bienek, Horst: Zeit ohne Glocken: Roman. 3. Aufl. München 1982.

Brückner, Christine: Die Poenichen-Romane. 3. Aufl. Frankfurt am Main u.a. 1986.

Chwin, Stefan: Tod in Danzig. Roman. Aus dem Polnischen von Renate Schmidgall. Berlin 1997.

Dedina, Sidonia: Als die Tiere starben. Roman. München 1988.

Grass, Günter: Im Krebsgang. Eine Novelle. Göttingen 2002.

Helbig, Louis Ferdinand/ Hoffmann, Johannes/ Kraemer, Doris (Hrsg.): Verlorene Heimaten – neue Fremden. Literarische Texte zu Krieg, Flucht, Vertreibung, Nachkriegszeit. Dortmund 1995.

Höntsch, Ursula: Wir Flüchtlingskinder. Roman . Halle u.a. 1985.

Lenz, Siegfried: Heimatmuseum. Roman. Hamburg 1978.

Mehnert, Elke (Hrsg.): Landschaften der Erinnerung. Flucht und Vertreibung aus deutscher, polnischer und tschechischer Sicht. Berlin u.a. 2001.

Ossoswski, Leonie: Stern ohne Himmel. Roman. 8. Aufl. Weinheim u.a. 1978.

Surminski, Arno: Jokehnen oder Wie lange fährt man von Ostpreußen nach Deutschland. Hamburg 1985.

Surminski, Arno: Die Kinder von Moorhusen. München 2001.

Treichel, Hans-Ulrich: Der Verlorene. 4. Aufl. Frankfurt am Main 1998.

Karten

M 4 Die Verteilung der Sprachen in Mittel, Ost- und Südosteuropa 1910
Quelle: Putzger, Historischer Weltatlas. 12. Auflage. Berlin 1996, S. 99.

M 8 Europa vor dem Ersten Weltkrieg 1914
Quelle: Putzger, Historischer Weltatlas. 12. Auflage. Berlin 1996, S. 102f.

M 11 Die Veränderung der Staatsgrenzen in Europa aufgrund der Verträge nach dem Ersten Weltkrieg
Quelle: Hilgemann, Werner: Atlas zur deutschen Zeitgeschichte 1918–1968, 3. Auflage. München, Zürich 1986, S. 72f.

M 17 Die Nationalitätenverhältnisse in Böhmen und Mähren bzw. der Tschechoslowakei 1910 und 1930
Quelle: Meynen, Emil (Hrsg.): Sudetendeutscher Atlas. München 1955, Blatt 4; Odsun. Die Vertreibung der Sudetendeutschen. Dokumentation zu Ursachen, Planung und Realisierung einer „ethnischen Säuberung" in der Mitte Europas 1848/49–1945/46. Bd. 1. Vom Völkerfrühling und Völkerzwist 1848/49 bis zum Münchner Abkommen 1938 und zur Errichtung des Protektorats Böhmen und Mähren 1939. München 2000, S. 597.

M 18 Abstimmungsergebnisse im deutsch-polnischen Grenzgebiet vor und nach dem Ersten Weltkrieg
Quelle: Atlas zur Geschichte der deutschen Ostsiedlung. Bearbeitet von Wilfried Krallert unter Mitarbeit von Walter Kuhn und Ernst Schwarz. Bielefeld, Berlin, Hannover 1958, Karte 20.

M 20 Entwicklung des deutschen Bevölkerungsanteils in den an Polen abgetretenen Gebieten Westpreußen und Posen
Quelle: Rauschning, Hermann: Die Abwanderung der Deutschen aus Westpreußen und Posen nach dem ersten Weltkrieg. Ein Beitrag zur Geschichte der deutsch-polnischen Beziehungen 1919–1929. Die Entdeutschung Westpreußens und Posens. Berlin 1930. Nachdruck unter dem Titel: Die Entdeutschung Westpreußens und Posens – Zehn Jahre polnische Politik. Hrsg. von Wolfgang Kessler. Essen 1988, S. 340f.

M 23 Siedlungsgebiete der Armenier vor dem Ersten Weltkrieg
Quelle: Koutcharian, Gerayer: Der Siedlungsraum der Armenier unter dem Einfluss der historisch-politischen Ereignisse seit dem Berliner Kongress 1878. Eine politisch-geographische Analyse und Dokumentation. Berlin 1989, Anhang Karten 3,4 und 8.

M 25 Siedlungsgebiete der Armenier 1926
Quelle: Koutcharian, Gerayer: Der Siedlungsraum der Armenier unter dem Einfluss der historisch-politischen Ereignisse seit dem Berliner Kongress 1878. Eine politisch-geographische Analyse und Dokumentation. Berlin 1989, Anhang Karten 3,4 und 8.

M 26 Ethnische Verhältnisse im griechischen Makedonien 1912 und 1926
Quelle: Kofos, Evangelos: Nationalism und Communism in Macedonia. Civil Conflict, Politics of Mutation, National Identity. New Rochelle, New York 1993, S. 47.

M 27 Der griechisch-türkische Bevölkerungsaustausch aufgrund des Vertrages von Lausanne 1923 und seine Folgen
Quelle: Westermann Großer Atlas zur Weltgeschichte. Braunschweig 1985, S. 153.

M 29 Bevölkerungsverschiebungen 1917–1938
Quelle: Hilgemann, Werner: Atlas zur deutschen Zeitgeschichte 1918–1968, 3. Auflage. München, Zürich 1986, S. 66f.

M 34 „Heim ins Reich": Aufgrund von Verträgen und kriegsbedingt umgesiedelte deutsche Volksgruppen 1939–1944
Quelle: Hilgemann, Werner. Atlas zur deutschen Zeitgeschichte 1918–1968, 3. Auflage. München, Zürich 1986, S. 278f.

M 37 Bevölkerungsverschiebungen in der Sowjetunion 1920–1952
Quelle: Polian, Pavel: Against their will. the history and geography of forced migrations in the USSR. Budapest 2004.

M 44 Deportation und Vernichtung der Juden 1939–1945 im Kontext europäischer Bevölkerungsbewegungen
Quelle: Großer Historischer Weltatlas. Dritter Teil, Neuzeit. Hrsg. vom Bayerischen Schulbuch-Verlag. Unveränderter Nachdruck der 4. überarbeiteten und erweiterten Auflage 1981. München 1991, S. 89.

M 71 Europäische Bevölkerungsbewegungen 1944–1952
Quelle: Großer Historischer Weltatlas. Dritter Teil, Neuzeit. Hrsg. vom Bayerischen Schulbuch-Verlag. Unveränderter Nachdruck der 4. überarbeiteten und erweiterten Auflage 1981. München 1991, S. 89.

M 72 Deutsche Flüchtlinge und Vertriebene 1945–1950
Quelle: Putzger, Historischer Weltatlas. 12. Auflage. Berlin 1996, S. 121; Frantzioch, Marion: Die Vertriebenen. Hemmnisse, Antriebskräfte und Wege ihrer Integration in der Bundesrepublik Deutschland. Berlin 1987, S. 104.

M 73 Anteil der deutschen Flüchtlinge und Vertriebenen in den vier Besatzungszonen aufgrund der Volkszählung vom 29.10.1946
Quelle: Frantzioch, M.: Die Vertriebenen. Hemmnisse, Antriebskräfte und Wege ihrer Integration in der Bundesrepublik Deutschland. Berlin 1987, S. 100.

Ausgabe für Baden-Württemberg
M 76 Anteil der Flüchtlinge und Vertriebenen an der Gesamtbevölkerung Baden-Württembergs 1950
Quelle: Historischer Atlas von Baden-Württemberg. Hrsg. von der Kommission für Geschichtliche Landeskunde in Baden-Württemberg. Wiss. Gesamtleitung Karl Heinz Schröder. Stuttgart 1972–1988 Kartenblatt XII, 6.

M 78 Herkunft der Flüchtlinge und Vertriebenen 1950 in Baden-Württemberg nach dem Wohnsitz am 1. September 1939
Quelle: Historischer Atlas von Baden-Württemberg. Hrsg. von der Kommission für Geschichtliche Landeskunde in Baden-Württemberg. Wiss. Gesamtleitung Karl Heinz Schröder. Stuttgart 1972–1988 Kartenblatt XII, 6.

Ausgabe für Hessen
M 76 Anteil der Flüchtlinge und Vertriebenen an der Gesamtbevölkerung Hessens 1949
Quelle: Hauptstaatsarchiv Wiesbaden, Manuskript Dr. Engbring-Roman

M 78 Herkunft der Flüchtlinge und Vertriebenen 1949 in Hessen
Quelle: Messerschmidt, Rolf: Aufnahme und Integration der Vertriebenen und Flüchtlinge in Hessen 1945–1950. Zur Geschichte der hessischen Flüchtlingsverwaltung. Wiesbaden 1994.